清乾隆年間
甘肅的
蠹捐與冒賑

一氣通下乍

林柏安——著

▋序

中央研究院歷史語言研究所研究員　陳熙遠

　　荀子在其〈君道〉篇裡開宗明義地論斷：「有亂君，無亂國；有治人，無治法」。若轉譯成直白的說法，意即：只有會造成國家混亂的君主，而不會有自行混亂的國家；有能治理國家的人，而沒有能讓國家自行治理的法。在這言簡意賅的十二字箴言裡，恰好包羅了荀子政治思想中攸關治亂的四個核心——「君」、「國」、「人」、「法」，這句兩千兩百多年前的論斷，即便移置在當代的情境裡，都依然鏗鏘有力、發人深省。

　　在儒教傳統中，儘管孟、荀兩家在人性論上根本的預設立場有如冰炭相反，但這兩位戰國時期的兩大儒學砥柱，在政治思想上的批判性卻有一定的相通之處。質言之，在原始儒教的政治思想體系裡，君權從未被視為具有神聖不可侵犯的地位。即以孟子而論，眾所周知，其「民貴君輕」的主張貫通其相關政治論述中。他曾以對比式的象喻層層推導，強調君臣之間是相對、而非絕對的互動關係：「君之視臣如手足，則臣視君如腹心；君之視

臣如犬馬，則臣視君如國人；君之視臣如土芥，則臣視君如寇讎。」（《孟子・離婁下》）與後來漢代《白虎通義・三綱六紀》標榜「君為臣綱」的立論，直是霄壤之別。因此當齊宣王對史傳中「湯放桀」與「武王伐紂」的春秋筆法，提出質疑：湯、武兩人既身為人臣，豈可以下犯上地誅君奪權？孟子則義正辭嚴地解釋：殘仁賊義的領導者不因其權貴而尊、不因其位高而崇，充其量不過是貽害眾生的一名獨夫。而湯、武革命，正好是為天下誅除殘賊的獨夫而已。（《孟子・梁惠王下》）

　　若考量孟子與荀子所處的戰國時代，兩人對君權的批判，即使確有其激進之處，或許不必然難見容於當時。然而在後世皇權高度集中的帝制時代裡，類似的言論嚴重挑撥當權者敏感的政治神經。明太祖朱元璋在洪武五年時乍讀孟子種種「不合時宜」的唐突之論，顯然就沒有齊宣王的雅量，竟氣急敗壞地下令將亞聖逐出孔廟聖域，即使後來不得已讓步，還心有不甘地欲對其內容進行篩汰刪節。對比於孟子倖免於難，荀子在明代的地位更是每況愈下，荀子雖曾在北宋神宗元豐七年（1084）追封為蘭陵伯，並與孟子同時入祀孔廟，但先是在明弘治元年（1488），遭到禮科給事中張九功上〈裨補名教疏〉點名批判，直指其「言或近于黃老，術實雜于申韓」，意即其思想悖離儒教正統，建請罷祀。後來在嘉靖九年（1530）釐定孔廟祀典的過程中，從此永遠逐出孔門。

　　儘管孟荀的論著仍保持完璧傳世，但在後世廟堂上的奏議

或私家的撰述中，卻幾乎選擇性地將其對君權的批判視而不見、存而不論。清初大儒黃宗羲（1610-1695）在〈原君〉中震聾發聵之論，衡諸專制君主高度發展的明清六百年間，不啻是空谷跫音。他直言「古者以天下為主，君為客。凡君之所畢世而經營者，為天下也」；「今也以君為主，天下為客。凡天下之無地而得安寧者，為君也。」並嚴詞批判後世君主無所不用其極地「屠毒天下之肝腦、離散天下之子女，以博我一人之產業」。黃宗羲「為天下之大害者，君而已矣」的論斷，可說正是荀子「有亂君，無亂國」的翻版。這種對君主無上權威高度存疑的批判精神，其實才是原始儒家傳統一脈相承的「滴骨血」。

儘管「有亂君，無亂國」一詞或有唐突皇權之虞，在君權高張的帝制時期，極少人甘冒大不韙加以援引、闡釋或衍申，不過荀子後兩句論斷「有治人，無治法」，與孟子「法不足以自行」的觀點相互呼應，成為經常被援引的經典套語。即在南宋朱子的時代裡，早已是「老生之常談」。在有清一代，更經常出現在王言絲綸之中。只不過皇帝在援引「有治人，無治法」時，似乎有意無意地淡化其原本的出處，僅以「古云」或「古語云」一筆帶過。

任何統治政權在肇建之初，莫不欲國祚長久，傳世於無窮。清朝入主中原後，隨即開科取士以籠絡天下士人。在順治三年（1646），以攝政多爾袞主導的殿試制策中，便首引「有治人，無治法」，期待身逢鼎運之際的天下貢士，為朝廷籌謀為政之道，

俾使「滿漢官民同心合志」。順治十二年（1655），已然親政的世祖同樣在殿試中援引此言，期待士子「以真學問為真經濟」，為朝廷劃策應如何「重新整頓，大破積習」。康熙十二年（1673）三月，君臨天下的聖祖在太和殿前策試天下貢士時，同樣揭櫫「有治人，始有治法；行實政，必有實心」，他首先揭示「疏禁網以昭悖大，緩催科以裕蓋藏」，作為未來的施政方針，要求應制的貢士就各擅所見，詳切敷陳，為朝廷擘劃「協和風動之治」。

在波詭雲譎的政爭中「倉促」繼任的雍正帝，在其執政的十三年裡，不時透過應興應革的立法與建制，遂行其平治天下的目的。雍正帝蓋棺定論的廟號「世宗」，正有意凸顯其在「治法」的制訂與運用。實則雍正帝本人對「治法」的效能，始終有所保留。當雍正元年御史湯之旭奏請將現行的律例款項酌定畫一，並刊刻成編以頒示天下時，世宗即裁示：「天下事，有治人，無治法。得人辦理，則無不允協；不得其人，其間舞文弄法，正自不少，雖條例畫一，弊終難免。」後來不論是涉及州縣火耗的規範或社倉的管理與稽查，世宗無不援引「從來有治人，無治法」提醒官員，任何「立法行政」，都無法「歷久無弊」，因此治法的施行，終需仰賴治人的推行。

迨至續繼大統的乾隆帝，亦秉持類似的立場：「從來朝廷立政，有治人，無治法。必須辦理得宜，方為有利無弊。」在其口諭或硃批裡，乾隆帝更經常引「有治人，無治法」來開示諸臣，期許「汝等酌妥為之」、「汝且試行看」、「爾等勉為之」、

「全在汝實力為之」，總總不一而足。

　　大清王朝無疑在乾隆朝的領航之下，走向空前的繁華鼎盛，國家各項立法行政也在乾隆帝「隨時調劑」、「寬嚴相濟」的指導原則下越益成熟。只不過，也正就在此一時期各項運作的體制逐漸從成住轉向壞空。乾隆四十六年（1781）甘肅所爆發的震驚朝野的冒賑一案，上從封疆大吏的地方總督、布政使以及下轄道、州、府、縣等各級官員，竟超過百餘人上下沆瀣一氣，牽動南北，涉及直隸、盛京、江蘇、浙江、雲南等地，最後更追繳近三百萬兩的贓銀。儘管乾隆皇帝一再以「有治人，無治法」，期許「惟在封疆大吏，準時度勢，務飭地方有司，辦理合宜而已。」但此一牽連深廣而「從來未有之奇貪異事」，對經常塗脂抹粉的乾隆盛世，不啻是一記迎面扇摑的耳光，一向自詡「乾綱獨斷」的乾隆皇帝，也不禁發出「為君難」的浩歎。這場大案竟將各種「治法」的隙漏暴露無遺。不禁讓人追問：究竟是法之不「治」誘引了人之不「治」？還是不「治」之人導致了不「治」之法？

　　柏安女史在大學時代，即對有清一代政治制度的動態變化，展現濃厚與敏銳的探索興趣，在彙整並對比世傳文獻與館藏檔案的過程中，她總會嘗試透過另類或對位的視角，重新切入表面上看似蹈故襲常的課題，並努力在會通舊說中提出別出心裁的見解。這部奠基其碩士論文的初試啼聲之作，即以乾隆朝此一捐監冒賑弊案入手，檢視在政權高度集中的帝制體系裡，個別的規範制度在運作過程中如何產生種種的人謀不臧，如從捐納制度裡衍

生的濫捐劣行，或寄生於賑濟制度的冒賑弊端。從而更進一步審視：不同的規範制度因應人事在特定時空環境下有所串接與交集，而有心鑽營者正可利用制度架接環節中的罅漏上下其手，從而夤緣為虐。

透過脈絡的梳理與細節的解析，柏安女史這部個案研究，不僅嘗試捕捉浮露於水面上一角角的鋒稜，也努力探測潛藏於水底下一座座相互盤錯的冰山基底。倘若放大觀照的格局，這部處女之作，或為荀子所揭櫫「君」、「國」、「人」、「法」這四個治亂相倚的核心概念，提供值得參照並反思的歷史註腳。欣聞該書行將付梓，略就其遺緒稍作申衍，爰以為序。

▌自序

　　甘肅捐監冒賑案被乾隆皇帝譽為「從來未有之奇貪異事」，自然受到學界注意。本書嘗試以皇帝維持帝國運作的角度出發，討論皇權統治下的國家體制運作，以及各級官員在威權體制中的能動性。盼望能為此案提供一個有別於「反貪腐」的視角，更多的去關照歷史中被忽略的細節與小人物，當然，還有乾隆皇帝，一個必須維繫帝國、高處不勝寒的領導者。

　　本書能夠付梓，仰賴許多老師的提示，並有學友相互討論。首先，要謝謝碩士班的兩位指導老師，沒有您們，我不可能完成這份碩士論文，甚至有機會得以出版。陳熙遠老師在我大四至臺大修課時便多加提攜，指引許多研究的方向與想法。謝謝陳老師提供研究助理的工作，讓我能接觸不同的研究課題，就近研讀各式資料、檔案。葉高樹老師自大學階段起，便悉心指導科技部大專生研究計畫，啟發我對研究的興趣，也鼓勵我繼續在史學研究的道路上前行。謝謝葉老師總不厭其煩的替我解答許多不成熟的疑惑，在論文寫作陷入瓶頸時，老師也總循循善誘，用您一貫輕鬆自若的態度，讓我安心找回自己寫作的步調。有幸向二位老師

學習，是件很快樂的事情。

　　我也要感謝兩位論文口試委員——劉錚雲老師、賴惠敏老師。謝謝兩位老師閱讀我不成熟的計畫與論文初稿，在文獻回顧與論文口試時，給予許多寶貴的建議，提醒我應該要更謹慎的面對自己使用的檔案史料，更全面細緻的檢視自己的文字，也學習去回應更廣闊的學術課題。

　　我還要特別感謝幾位在學術的道路上給予幫助的老師們。謝謝林麗月老師在明清史研究生論壇上的微言大義，以及返臺後的諸多協助，有幸能夠旁聽老師的課堂，也讓我學習去關照不同社會文化階層的面向。謝謝陳惠芬老師，我從大二起擔任老師的研究助理，深受老師照顧直到如今，老師時常關心我讀書、生活的狀況，指點待人接物的細節，我真的非常享受和老師談天的時光。許雅惠老師在碩士班期間給予許多關心與照拂，提供研究助理的機會，讓我得以安心的學習，也謝謝老師開啟我在數位人文研究上的視野，讓我看到歷史研究的更多可能。

　　我也要謝謝在碩士班階段與我一同在學術研究道路上努力的夥伴們，慈惠、安理、亭方、昱緯、宥惟，你們對研究的熱情與堅持，是鼓勵我繼續前行的動力；謝謝你們給予研究和生活上的諸多建議，希望我們都能夠慢慢往目標前進。

　　提筆寫序之時，距離碩士畢業已經近二年，回想起那段浸泡在史料裡、專心致志寫作的日子，真是恍若隔世。我很感謝歷史學給予我批判思考的訓練，在繁雜的制度之中，探索人與制度的

互動，也把梳文本給予的諸多線索，這些都將成為未來道路的養分。謝謝在這一路上幫助過我、關心惦記我的人們，謝謝老師、謝謝學長姐、學友、朋友，謝謝家人。我真的很幸運，可以和你們一起走過這些日子。

未來，我將投入在校園福音團契之中，以不同的方式服事這個世代的學生。謝謝全能的三一神帶領我的人生道路，讓我可以浸泡在學術領域、肆意揮灑，也讓我可以在一番尋求以後，踏上新的旅途。謝謝校園眾同工輔導們的陪伴和鼓勵，能夠和你們一起服事這個世代的學生，是無比恩典的一件事。我也要謝謝潔心、沐惠、佩璇，以及中山團契、師大團契的大家，陪伴我走過從大學到碩士班的這些日子，不管各自身處何方，我們總能在禱告中參與彼此的生命。

最後，要將此書獻給我至愛的家人，謝謝你們在我義無反顧的走向歷史研究、走向全職事奉的道路時，給予的尊重和包容，不論我身在何處，你們的支持總是我最強而有力的後盾。特別獻給我的父親，他在今年仲夏離我們而去，沒有他那些塵封於櫃底的二月河小說，不會啟發我對歷史的興趣，更遑論有這本書的誕生。

林柏安　於2023年夏

目 contents 次

序／陳熙遠   003

自序   009

緒 論   017

　　一、研究動機   017

　　二、研究回顧   022

　　三、研究方法與章節架構   037

第一章　藉收折色圖侵蝕：捐納與蠹捐   041

　　第一節　捐納的開辦   042

　　第二節　官員的私收   058

第二章　惠民之舉轉累民：賑濟與冒賑   077

　　第一節　賑濟的實施   078

　　第二節　官員的捏報   092

第三章　使貪官知所炯戒：皇帝的處置　　107

　　第一節　人員的懲處　　108

　　第二節　制度的檢視　　131

結　　論　　151

參考文獻　　157

　　一、檔案史料　　157

　　二、近人論著　　162

附　　錄　　169

　　附錄一　順治、康熙年間各省捐監事例　　169

　　附錄二　羅大聲偽造蘭州府皋蘭縣發給〈實收〉　　173

　　附錄三　羅大聲偽造蘭州府皋蘭縣行雲南
　　　　　　廣西州〈關文〉　　174

　　附錄四　乾隆三十九年甘肅捐監流程圖　　175

　　附錄五　乾隆四十年至四十五年甘肅各廳、州、
　　　　　　縣被災次數統計表　　176

圖表目次 contents

圖1　乾隆四十年至四十五年甘肅各廳、州、縣
　　　報災次數分布圖　　　　　　　　　　　　　　　098

圖2　乾隆四十年至四十五年甘肅各廳、州、縣
　　　報災熱區圖　　　　　　　　　　　　　　　　098

圖3　各級涉案官員罪刑比例圓餅圖　　　　　　　　126

圖4　甘肅省及戶部捐監人數比較　　　　　　　　　136

表1　乾隆年間各省常平倉額數　　　　　　　　　　085

表2　乾隆四十年至四十五年甘肅報災情形　　　　　096

表3　甘肅案涉案官員犯行與懲處　　　　　　　　　117

▌緒論

甘省捐監蠹，始自王亶望。木偶視督臣，一氣通下上。
定議收本色，貯倉資賑放；墨吏收折色，慾壑饕無量。
報部仍本色，公然行詐誑，何能終久瞞，水落石出狀。
利令其智昏，抑亦良心喪，此而逭抵法，弊吏將何尚？
冒賑兼剝民，自取罪應償，然予慮因咽，廢食益非當。
明道語晦叔，讜言恆所仰，寧受百人欺，好賢心莫曠。
吾以用之賑，寧濫毋遺宕。誠恐覬覦者，謂吾靳賑餉，
巧吏何弗為，恤民事胥忘。弊不可不懲，即此恐招謗。
吾如有所吝，全蠲賦三既。萬民被豈虛，萬世傳寧妄，
是用布赤心，言志期共諒。嗟乎為君難，展轉增惆悵。

清·乾隆皇帝御製，《御製詩集·四集》，〈言志〉

一、研究動機

　　乾隆四十六年（1781），甘肅撒拉爾族伊斯蘭新教領袖蘇四十
三（1729-1781）率眾起事，旋即劍指甘肅省城。在軍情緊急之際，

甘肅布政使王廷贊（1722-1781）上奏向皇帝表明，願「繳積存廉俸銀四萬兩，以資兵餉」。此舉引起乾隆皇帝（弘曆，1711-1799，1735-1796在位）的懷疑，並想起前任甘肅布政使王亶望（？-1781）曾捐銀五十萬兩辦理浙江海塘工程，進而認定王廷贊、王亶望「坐擁厚貲，當即在甘省任內所得」。[1] 由於甘肅向來都有「濫收折色」、「濫索科派」的陋習，[2] 因此乾隆皇帝下令大學士阿桂（1717-1797）會同管理陝甘總督李侍堯（？-1788）徹查甘肅省「收捐監糧有無情弊，及應否停止之處」。[3]

　　阿桂的奏報中提及，甘肅地方口耳相傳：「勒爾謹從前奏開捐例時，即係王亶望任甘省藩司，未必不由其慫恿。而開例之始，一面奏立規條，一面即公然折色包捐，故王亶望得擁貲而去。」[4] 乾隆皇帝乃指示提訊因處置回變不當而下獄的前任陝甘總督勒爾謹（1719-1781），以求瞭解事情真相。據勒爾謹供稱，

[1] 中國第一歷史檔案館編，《乾隆朝懲辦貪污檔案選編》（北京：中華書局，1994），冊2，頁1193，〈寄諭阿桂等將甘肅藩司王廷贊於捐監一事有無染指並捐糧應否停止一併覆奏〉，乾隆四十六年五月二十四日。

[2] 清‧慶桂等修，《清實錄‧高宗純皇帝實錄》（北京：中華書局，1986），卷957，頁969a-b，乾隆三十九年四月十八日庚子。乾隆初年甘肅巡撫元展成即有包攬捐監、私收銀兩的情形，參見張繼瑩，〈積弊與時弊：乾隆初期甘肅倉儲的經營（1736-1755）〉，《近代史研究所集刊》，94（臺北，2016.12），頁53-55。

[3] 中國第一歷史檔案館編，《乾隆朝懲辦貪污檔案選編》，冊2，頁1193，〈寄諭阿桂等著將甘肅收捐監糧有無情弊及應否停止據實奏聞〉，乾隆四十六年五月十六日。

[4] 中國第一歷史檔案館編，《乾隆朝懲辦貪污檔案選編》，冊2，頁1197，〈寄諭英廉等著就近提訊勒爾謹於甘省折色包捐監糧案內有無通同分肥〉，乾隆四十六年閏五月十二日。

「從前奏請復捐監糧時，並無折銀之事」，雖「風聞有折色之處」，卻「因王亶望說並無其事，遂信為實，直至王廷贊向我告訴，我纔知道」。勒爾謹的供詞證實甘肅省折色包捐情事，且王亶望「借此為分肥入橐之計」，是以乾隆皇帝決意徹查，降旨將「王亶望嚴刑詢問，令其據實供出」。[5]

未幾，阿桂覆奏查明現任浙江巡撫王亶望在甘肅布政使任內，「公然折色收捐」；私收折色造成藩庫的米糧缺口，則向朝廷「需〔虛〕報賑卹」。[6]王亶望更收買陝甘總督勒爾謹，使之「一任各屬恣意妄行」，[7]致使乾隆皇帝被徹底蒙蔽。經過數月的調查，涉案並遭到懲處者共195人，遍及甘肅及臨近的陝西各道府州縣官員，其中因案正法者更多達58人。全案雖告落幕，乾隆皇帝仍直斥此案乃「從來未有之奇貪異事」，[8]並作詩〈言志〉，譴責甘肅自總督以降的各級官員「上下聯為一氣」，[9]反映他對甘肅官場上下勾結的深惡痛絕。乾隆皇帝認知中「一氣通下上」的概念實可與當時的制度連結，本文即擬透過與甘肅捐監

5　中國第一歷史檔案館編，《乾隆朝上諭檔》（北京：檔案出版社，1991），冊10，頁502-503，乾隆四十六年閏五月十五日，奉上諭。

6　中國第一歷史檔案館編，《乾隆朝懲辦貪污檔案選編》，冊2，頁1216-1218，〈欽差大學士阿桂等奏覆接奉嚴查甘省收捐監糧情弊諭旨現正設法嚴切究審摺〉，乾隆四十六年六月二十一日。

7　清·清高宗御製，清·董誥等奉敕編，《御製詩集·四集》（收入《景印文淵閣四庫全書》，冊1308，臺北：臺灣商務印書館，1983），卷84，〈陝甘總督李侍堯奏報秋收七分有餘幷秋雨情形詩以誌事〉，頁24b-25b。

8　中國第一歷史檔案館編，《乾隆朝上諭檔》，冊11，頁6，乾隆四十七年正月三日。

9　清·清高宗御製，清·董誥等奉敕編，《御製詩集·四集》，卷84，〈言志〉，頁13a-14a。

冒賑案（以下簡稱甘肅案）直接相關的捐納、賑濟與文書制度，深化對此案的認識。

　　捐納與賑濟是甘肅長年辦理的業務。甘肅「地處極邊，節候甚遲」，[10]加上連接青海、新疆，是清朝與中亞的交通要道，向為統治者重視。康、雍、乾三帝用兵西陲，大量消耗地方儲糧，致使糧食儲備出現缺口，帝國倉政亦無法有效平抑糧價。其中，甘肅在乾隆初年西線戰事暫時休兵後，以供給軍需為主的糧食市場陷入困境，災時乏人糶賣米糧，豐年亦無人收購。[11]是以甘肅倉儲長年以來需倚賴捐監，方能維持平抑物價、供給民食的任務。捐納與賑濟涉及大量的人員與物資流動，最終審核權又繫於地方民政長官布政使之手，王亶望遂得藉職務之便上下其手，[12]聯合通省官員謊報實際雨糧情形，以動支地方預儲的賑災糧餉。

　　清朝透過嚴密的文書制度，強化中央對地方的控制。自雍正

---

[10] 清・清高宗敕撰，《欽定大清會典則例》（收入《景印文淵閣四庫全書》，冊620，臺北：臺灣商務印書館，1983），卷55，〈戶部・蠲卹〉，頁76b。甘肅因地理環境與戰略位置，蒙朝廷屢屢提供特殊的財政資助，參見魏丕信（Pierre-Etienne Will）著，徐建青譯，《十八世紀中國的官僚制度與荒政》（南京：江蘇人民出版社，2006），頁307；張祥穩，《清代乾隆時期自然災害與荒政研究》（北京：中國三峽出版社，2010），頁302-303。

[11] 乾隆初年甘肅官員與朝廷在甘肅倉儲問題上的角力，參見張繼瑩，〈積弊與時弊：乾隆初期甘肅倉儲的經營（1736-1755）〉，頁41-76。

[12] 《皇朝通典》載：承宣布政使司布政使「掌一省之政，司錢穀之出納，朝廷有德澤禁令，承流宣布，以達於有司。闔省僚屬以時頒其祿俸。滿秩，廉其稱職不稱職，報督撫以達於吏部；十年，會戶版、均稅役、登民數田數，以達於戶部；凡諸政務，與督撫會議，經畫而行之。」參見清・清高宗敕修，《欽定皇朝通典》（收入《景印文淵閣四庫全書》，冊642，臺北：臺灣商務印書館，1983），卷34，〈職官・司道・承宣布政使司布政使〉，頁1a-b。

朝確立密奏制度以來，皇帝授予部分官員密陳奏事之權，使之互相監督；[13]乾隆皇帝即位後，強調「陳奏密封事件關係重大，尤宜慎密」，[14]嚴格要求官員不得洩漏奏摺內容，並指示「重要急務」可以「隨時專摺具陳」。[15]奏摺兼具機密性與時效性，藉由檢核奏疏異同，皇帝得以有效箝制地方官員，進一步提升對地方的控制力。另一方面，朝廷在地方日常辦理的行政事務上，業已建立往復抄寫的文書體系。前述捐納、賑濟等制度，在實際運行的過程中，皆會產生大量檔冊文書，供上級官員檢核呈報，同時也留存地方備查；雖無法立即確認內容真偽，但在遇有狀況時，可供事後的核查。康熙皇帝（玄燁，1654-1722，1662-1722在位）嚴格要求財政奏銷制度中，各層級的奏銷檔冊數目皆須相符，以避免侵貪與欺瞞；唯雍正初年嚴重的財政虧空，說明查核辦法並未發揮作用。然而，透過此些往復抄寫的檔冊，仍有助於雍正皇帝（胤禛，1678-1735，1722-1735在位）對地方虧空的大力清查，[16]說明地方行政體系中例行性文書，有其消極防弊的意義。

然而，王亶望卻無視雍、乾二帝對密奏制度應當嚴格保密的規範，與官員勾結；在行政文書體系中，也利用布政使的職權，

---

[13] 楊啓樵，《雍正帝及其密摺制度研究》（上海：上海古籍出版社，2003），頁171-175。

[14] 清・慶桂等修，《清實錄・高宗純皇帝實錄》，卷197，頁535b-536a，乾隆八年七月三十日庚戌。

[15] 清・慶桂等修，《清實錄・高宗純皇帝實錄》，卷1481，頁784b-785a，乾隆六十年六月二十六日乙巳。

[16] 曾小萍（Madeleine Zelin）著，董建中譯，《州縣官的銀兩：18世紀中國的合理化財政改革》（北京：中國人民大學出版社，2020），頁14-21。

要求州縣官員逾越道府，直接與藩司建立聯繫，並於事後補足朝廷所需的一應文冊，破壞地方文書的流程。其中，不論是即時性的奏摺，或例行性的題本，都受到甘肅官員的強力挑戰，使朝廷無法掌握地方的實際情形。因此，甘肅案涉及的捐納、賑濟與文書等三制度的運作，實難分割。是以本文擬藉由梳理制度與人事間的相互為用，理解更整全的政治面貌，[17]以作為君臣訊息管道的密奏制度為經，以甘肅案涉及的捐納、賑濟等制度為緯，討論王亶望如何居中操作。進而分析乾隆皇帝處置涉案官員的統治技術。

二、研究回顧

甘肅案被乾隆皇帝評為「從來未有之奇貪異事」，[18]向為學界注意。此案發生於乾隆年間，是以研究者在討論乾隆皇帝統治技術時，多將甘肅案視為乾隆皇帝懲治貪污的案例之一。乾隆皇

---

[17] 黃寬重指出制度史研究應將制度與社會發展相結合，而政治體制的運行更是制度與人事之間的相互為用。制度建立後，仍須透過人事從中解釋、運作，方能創造新制度的發展空間。參見黃寬重，〈從活的制度史邁向新的政治史——綜論宋代政治史研究趨向〉，《中國史研究》，2009：4（北京，2009.11），頁73-74。清朝統治疆域廣袤，更甚於宋朝，因此制度未必有辦法貼合各省的實際樣貌，而在制度實際運作的過程當中，人事權力在其間的能動性就更形重要，也深刻影響歷史的實際面貌。

[18] 中國第一歷史檔案館編，《乾隆帝起居注》（桂林：廣西師範大學出版社，2002），冊31，頁412，乾隆四十六年九月十二日辛亥。

帝在位的六十年間，侵貪案件多達589件，[19]自然吸引學者注意，且多以「寬嚴相濟」的統治策略為主要切入點。

一般認為，乾隆年間的貪污案有明顯的分期。以乾隆十三年（1749）為分界者，認為孝賢皇后（富察氏，1712-1748）逝世，致使乾隆皇帝性格大變，決意從嚴治國，因此乾隆皇帝以雷厲風行的手段處置甘肅案，有效震懾當時官場的貪污風氣。[20]郭成康《康雍乾三帝統治思想研究》認為乾隆皇帝在初政時，為一改前朝從嚴治罪的風氣，以寬大為政，導致貪風日起。因此，乾隆皇帝遂於乾隆十四年（1749）有意識的完善懲貪立法，對逾限未完贓者予以正法，以昭示朝廷按律辦事的決心；自乾隆五十年（1785）起，則因乾隆皇帝年逾古稀而意欲粉飾遮掩，因此朝臣幾乎無人敢於挺身揭發侵貪之弊。[21]在此基礎上，張菁華〈懲貪風而申國憲──乾隆朝懲治侵貪案研究〉進一步以乾隆皇帝在乾隆二十三年（1758）停用的〈侵虧入己限內完贓減等條例〉為核心，說明乾隆皇帝對貪官污吏宣戰的決心。張氏指出，乾隆皇帝雖以「懲貪風而申國憲」為懲治侵貪案件的基本綱領，實際上真正決定懲處寬嚴標準者，仍然是乾隆皇帝，因此乾隆年間懲治侵貪虧空案件的成效，與乾隆皇帝個人的態度密切相關。[22]以乾隆四十年（1775）

[19] 馬起華，《清高宗朝之彈劾案》（臺北：華岡出版社，1974），頁225-241。
[20] 郭成康等，《乾隆皇帝全傳》（北京：學苑，1994），頁110-119；唐瑞裕，《清代乾隆朝吏治之研究》（臺北：文史哲出版社，2001），頁52-57；高王凌，《乾隆十三年》（北京：經濟科學出版社，2013），頁139-158。
[21] 郭成康，《十八世紀的中國政治》（臺北：昭明出版社，2001），頁407-409。
[22] 張菁華，〈懲貪風而申國憲──乾隆朝懲治侵貪案研究〉（臺北：國立政治大學

為分界者，則認為乾隆皇帝在即位之初，實施嚴格的政治控制，亟力懲治涉貪官員，整頓官場風氣；乾隆四十年以後，乾隆皇帝為避免犯官信口攀咬，以致拖累無辜，遂要求承審官員勿輾轉追求，以免案件拖延日久。[23]馬起華《清高宗朝之彈劾案》指出，乾隆朝最後二十年皇帝「耳目蒙蔽，紀綱頹墮，權移餘下，柄失於朝」，乃因「和珅當權，朝士習為奔競，習為奢侈，習為闒茸廢弛，習為婪贓自肥」，以致貪案疊發，朝政益發混亂。[24]在此些討論中，甘肅案成為乾隆皇帝統治力度不彰的指標。

陳捷先〈乾隆肅貪研究〉則分析乾隆年間20件貪污案，指出乾隆皇帝對不同貪污案的處置方式有所區別，或重視民意、或顧慮回民反側、或諭令全國督撫各抒己見以作為判案參考等；對於不同官員因遠近親疏相異，亦有不同處置方式。[25]高翔《康雍乾三帝統治思想研究》指出乾隆皇帝雖上承父祖，實踐「懲貪腐」的統治理念，然其所謂「寬嚴相濟」的統治手段，實際上是「時寬時嚴，寬嚴脫節」，惱怒時嚴懲一氣，親信犯案則有縱弛之嫌，此作法給予營私舞弊官員僥倖的心態，使乾隆年間貪污案懲而不止。[26]在不同的侵貪案中，乾隆皇帝種種因人設事的

歷史學系博士論文，2007）。

[23] 唐文基、羅慶泗，《乾隆傳》（臺北：臺灣商務印書館，2015），頁355-368。

[24] 馬起華，《清高宗朝之彈劾案》，頁378。

[25] 陳捷先，〈乾隆肅貪研究〉，收入陳捷先，《清史論集》（臺北：東大圖書，1997），頁187-250。

[26] 高翔，《康雍乾三帝統治思想研究》（北京：中國人民大學出版社，1995），頁398-399。

行為，都說明乾隆朝肅貪存在著雙重標準，方才造成學界爭論不休。分析乾隆皇帝統治策略者，多致力於將之歸入「寬」、「嚴」的框架之中，而未注意當時的政治社會的面貌。對此，康無為（Harold L. Kahn）即將之歸因於乾隆皇帝的心態問題，認為乾隆皇帝被自己想像中的政治所蒙蔽，不願意面對「嚴峻的現實」，亦無法接受他精心構建的帝國藍圖終究是海市蜃樓。[27]細究康氏口中乾隆年間的「嚴峻現實」，則可考察當時朝廷風氣與社會發展。

　　曾小萍（Madeleine Zelin）《州縣官的銀兩：18世紀中國的合理化財政改革》討論清朝地方財政，揭示在地方財務匱乏的情形下，清朝官場相互往來餽贈嚴重的情形，指出清朝官場除了俸祿與養廉銀之外，亦有名目繁多的陋規，在京的中、高級官員藉由收受地方官員餽贈，以補充俸祿、累積財富；[28]葉高樹〈仰食於官：俸餉制度與清朝旗人的生計〉則進一步指出，部院衙門官吏亦會在辦理公務時索取部費，以維持生計，此些無法源依據的不當陋規，卻是帝國行之有年的慣例。[29]在乾隆朝中期，又因有和珅於朝中收受銀兩、婪贓納賄而更形嚴重。唐瑞裕《清代乾隆朝

---

[27] Harold L. Kahn, *Monarchy in the Emperors Eyes: Image and Reality in the Ch'ien-lung Reign*（Cambridge, Massachusetts: Harvard University Press, 1971），p. 259.

[28] 曾小萍著，董建中譯，《州縣官的銀兩：18世紀中國的合理化財政改革》，頁61-65。

[29] 葉高樹，〈仰食於官：俸餉制度與清朝旗人的生計〉，收入旗人與國家制度工作坊編著，《「參漢酌金」的再思考：清朝旗人與國家制度》（臺北：文史哲出版社，2016），頁247-253。

吏治之研究》即分析此時地方督撫為獲得和珅的包庇與奧援，賄賂公行之舉屢見不鮮。[30]值得注意的是，甘肅案中勒爾謹、王亶望等為首的省級大員，也與和珅頗有私交，當可進一步深究。另一方面，十八世紀的中國社會物價上漲，[31]也是導致侵貪案件的原因之一，加上由於社會繁榮、商品經濟的發展，使風俗日益奢靡，自皇帝以降，士大夫、富商大賈莫不追求高水準的消費，亦間接促成朝中大小官吏的貪污風氣。[32]

在官場舊慣與社會風氣的間接影響之下，雖屬行清查，貪污案件卻仍時有所聞。其中中國學者受政府倡導反貪腐的風氣影響，多將甘肅案視為貪腐大案，極力譴責官員的貪污行為。屈春海〈乾隆嚴懲甘肅捏災冒賑貪污案〉指出乾隆皇帝在此案後雖大力懲治為首官員，但實際上仍有許多漏網之魚，對乾隆皇帝來說，懲貪只是一時的權宜之計，並無法遏止乾隆朝的因循貪賄之風。[33]盧經〈乾隆朝甘肅捐監冒賑眾貪案〉、王雄軍〈從甘肅捐

30 唐瑞裕，《清代乾隆朝吏治之研究》，頁191-192。其餘關於乾隆晚年和珅收受賄賂的討論，參見高翔，《康雍乾三帝統治思想研究》，頁378-387；唐文基、羅慶泗，《乾隆傳》，頁348-355。

31 郭成康，〈十八世紀中國物價問題和政府對策〉，《清史研究》，1996：1（北京，1996.2），頁8-19；曾小萍著，董建中譯，《州縣官的銀兩：18世紀中國的合理化財政改革》，頁331-332。

32 宋傳銀，〈論清前期「奢靡」之風〉，《華中師範大學學報（哲學社會科學版）》，1991：5（武漢，1991.10），頁93-97；李景屏，〈康乾盛世與奢靡之風〉，《北京社會科學》，1995：2（北京，1995.5），頁86-91；李景屏，〈清前期奢靡之風述論〉，《清史研究》，1997：2（北京，1997.5），頁106-110；郭成康，《十八世紀的中國政治》，頁484-488；高翔，《近代的初曙：18世紀中國觀念變遷與社會發展》（北京：故宮出版社，2013），頁37-43。

33 屈春海，〈乾隆嚴懲甘肅捏災冒賑貪污案〉，收入中國第一歷史檔案館編，《明

監冒賑案反思清朝乾隆時期的吏治腐敗成因〉則檢討君主專制體制，認為皇帝在擴大皇權的同時，督撫對下屬的控制力也隨之加強，甚至有「州縣之畏督撫，過於畏皇法」的情況，造成監察制度失靈，加上易流於貪腐的捐監制度，由朝廷帶頭賣官鬻爵，腐敗的吏治遂難以挽回，帝國也自此走向衰頹。[34]

　　甘肅官員利用捐納、賑濟兩大制度的缺失，折色冒賑。李林〈清代捐監制度與乾隆季甘肅冒賑案──以《欽定蘭州紀略》為中心〉描繪清朝一方面以養廉防貪，一方面以重典懲貪，捐監的弊端卻懲而不止；縱使捐納制度容易流於貪腐，仍須藉此儲糧備荒或戰時軍餉，以應不時之需。[35]葛沙沙〈乾隆年間的甘肅捐監冒賑貪污案述論〉指出清朝賑濟制度需層層呈報檢核，由督撫奏請朝廷賑濟，理應不會輕易發生貪污情事，然此案由大小官員上下勾結，加以中央官員怠忽職守，又在國家統治力量相對薄弱的西北邊陲，方釀此大禍。[36]不過，葛氏對賑濟制度的認識與目前學界的討論相違背，研究者普遍認為乾隆朝晚期的人口壓力與朝廷秩序的腐敗，嚴重影響賑災實效。整體而言，中國學者多以重建甘肅案始末為主，然而，史實重建無法解決我們對此案的疑

　　清檔案與歷史研究論文集》（北京：中國友誼出版公司，2000），頁571-584。

[34] 盧經，〈乾隆朝甘肅捐監冒賑眾貪案〉，《歷史檔案》，2001：3（北京，2001.9），頁80-88；王雄軍，〈從甘肅捐監冒賑案反思清朝乾隆時期的吏治腐敗成因〉，《巢湖學院學報》，68（合肥，2004.5），頁34-37。

[35] 李林，〈清代捐監制度與乾隆季甘肅冒賑案──以《欽定蘭州紀略》為中心〉，《科舉學論叢》（上海，2013.7），2013，頁20-25。

[36] 葛沙沙，〈乾隆年間的甘肅捐監冒賑貪污案述論〉（蘭州：蘭州大學歷史學碩士論文，2012），頁33-35。

問，也未必幫助了解，更遑論前此研究者對甘肅案有認知上的錯誤。上述研究認為，甘肅案肇因於甘肅未降雨，致使乾隆皇帝發覺甘肅案，然而透過考察檔案史料，即可從時間序推知早在得知甘肅降雨情形以前，乾隆皇帝即因甘肅官員異常的舉動起疑，降雨情形僅是查辦甘肅案過程中的一個插曲。其次，即便偶有注意到甘肅案與國家制度的聯繫，也多落於意識形態的窠臼。

近年來，有賴於檔案的出版，學者得以進一步討論甘肅案。蓋博堅（R. Kent Guy）在研究中提及甘肅特殊的戰略地位與甘肅案的意義。*Qing Governors and Their Provinces: The Evolution of Territorial Administration in China*指出，甘肅作為帝國擴張的前緣，為支持前線的軍事消耗，需以捐監彌補常平倉糧，使私人財富得以重新回流到公領域。甘肅案的發生，即證明朝廷欲以甘肅支持前線財政的嘗試失敗了，亦是地方政府往往無法支持朝廷軍事侵略野心的明證。[37]許惠潤、馬俊亞則藉由甘肅案後的處置，討論清朝抄家制度與乾隆皇帝在其中的心態與選擇。〈清乾隆朝抄家案件研究──以甘肅捐監冒賑案為中心〉對照《大清律》與甘肅案的抄家檔案，以甘肅案中抄家的實際行動說明律例的規範；[38]〈奉旨抄家：乾隆後期體制之殼與官場生態〉指出乾

---

[37] R. Kent Guy, *Qing Governors and Their Provinces: The Evolution of Territorial Administration in China, 1644-1796*（Seattle: University of Washington Press, c2010），pp.215-220.

[38] 許惠潤，〈清乾隆朝抄家案件研究──以甘肅捐監冒賑案為中心〉（北京：中國人民大學中國古代史博士論文，2000）。

隆皇帝欲透過君主旨意代替律法治理國家，大力宣揚君主的權威以換取臣下的忠誠，並透過有條件的懲貪，規避地方官員因官場的潛規則而結成的利益共同體，藉此使官員時刻體認到皇帝生殺予奪之權，被寬待之人則可更深刻的認識到皇恩的浩蕩。[39]雲妍、陳志武、林展《官紳的荷包：清代精英家庭資產結構研究》則以抄家檔案分析甘肅布政使王亶望、蘭州知府蔣全迪（?-1781）、皋蘭知縣程棟（?-1781）、甘肅按察使劉光昱（1728-?）等四位涉案官員家產，透過統計指出王亶望與蔣全迪的家產分佈狀況雷同，二人原籍皆非江南，卻在揚州、蘇州一帶大量置產；亦藉分析程棟家產指出下層官員行賄與貪腐是為了得到上司的拔擢與信任，以獲取升遷的管道，程棟任皋蘭知縣兩年，共侵冒銀十萬兩，但其家產卻僅抄出四萬兩銀，足見省籍官員之間銀錢餽贈花費的可觀。[40]這些學者分析檔案中的數字資料，然而對於案件具體的細節也同樣難以確認，就更遑論細緻的處理案件發生的經過與其間國家制度的缺失。

捐納是朝廷向鄉紳徵集米銀，以補朝廷財政缺口的辦法，捐輸者則可獲得官員的身分。許大齡《清代捐納制度》將清朝捐納分為開創（順治至康熙）、因襲（雍正至道光）、變更（咸豐至宣統）三期，指出捐納制度具有供給軍需、政治作用、優待滿族的

---

[39] 馬俊亞，〈奉旨抄家：乾隆後期體制之殼與官場生態〉，《南國學術》，2015：3（澳門，2015.7），頁123-139。

[40] 雲妍、陳志武、林展，《官紳的荷包：清代精英家庭資產結構研究》（北京：中信出版集團，2019），頁183-224。

作用。[41]陳寬強《清代捐納制度》整理順治至光緒年間的捐納事例，說明清朝捐納制度的沿革，並旁及捐納所衍生的政治問題。[42]陳氏透過《戶部則例》梳理清朝捐納制度實際的運行方式，指出清朝捐納衍生官僚貪污舞弊、人民包攬納捐，及捐納制度造成朝中正反派之間的傾軋等弊病。相較與許氏、陳氏致力討論制度興革，伍躍《中國的捐納制度與社會》利用近年大量出版的檔案史料，釐清清朝捐納制度的相關規定，結合制度與實際運作，從捐納與科舉、捐納與官僚銓選等方面，討論捐納與社會流動相結合的發展。[43]伍氏修正學界多視捐納出身者為異途的說法，指出捐納相當程度上支持著科舉，富家子弟透過捐納迅速取得貢監生資格，其後若中舉或成為進士，即可以正途出身名留史冊。其次，伍氏重新考察報捐的過程，指出商人階層在報捐者與官府之間代辦各樣手續，形成往來全國的捐納業務網絡。只是，伍氏的研究受限於史料，多討論道光朝以後的捐納情形，難以確認清前期的捐納制度規範。

其餘討論捐納者，認為捐納不時因官僚群體的反彈或捐納積弊而停捐，多將捐納視為朝廷為解決銀錢需用不足的臨時性措施。山田耕一郎〈清初の捐納──三藩の乱との關係を中心にし

---

[41] 許大齡，《清代捐納制度》（收入沈雲龍主編，《近代中國史料叢刊・續編》，輯40，冊399，臺北：文海出版社，1966）。

[42] 陳寬強，《清代捐納制度》（臺北：三民書局，2014）。本書為陳寬強1969年國立政治大學歷史學系博士論文，未經改寫，即於2014年出版。

[43] 伍躍，《中國的捐納制度與社會》（南京：江蘇人民出版社，2013）。

て──〉、劉鳳雲〈戰事中的非常規捐納──論康熙朝平三藩開啟的捐納事例〉即討論康熙初年因三藩戰爭而臨時開〈乙卯捐例〉，可針對知縣以下官職進行捐納的情形，據統計，康熙朝大小捐納共有45次之多。[44]雍正年間，捐納的項目按照國家不同的財政需求逐漸增加，只是此時多為臨時開捐，尚無統一規範；[45]王志明〈康熙雍正時期捐納考析〉即透過量化分析，說明已有不少官員透過屢次捐納不斷升官，反映捐納選官在清朝前期的盛況。[46]乾隆年間，捐納制度大致底定，顧善慕〈清代乾隆年間的捐納制度〉指出此時對捐納制度的改革，的確使朝廷的財源無虞，卻因對外戰爭所花費的鉅額軍需，朝廷財政失衡的問題仍然存在。[47]及至晚清，朝廷更屢因財政困窘開辦捐納，論者多認為晚清因各地災荒而屢開賑捐，使朝廷對地方的控制力下降，地方政府巧立名目，以苛重的納捐內容搜刮民脂民膏，使帝國吏治日益惡化，亦造成社會風氣敗壞。[48]

---

[44] 山田耕一郎，〈清初の捐納──三藩の乱との關係を中心にして──〉，《駿台史學》，66（東京，1986.2），頁21-50；劉鳳雲，〈戰事中的非常規捐納──論康熙朝平三藩開啓的捐納事例〉，《中國人民大學學報》，2010：1（北京，2010.1），頁115-123。

[45] 伍躍，《中國的捐納制度與社會》，頁76。

[46] 王志明透過整理《清代官員履歷檔案全編》，量化統計康熙朝晚期至雍正朝官員的遷轉情況，參見王志明，〈康熙雍正時期捐納考析〉，收入李國章、趙昌平主編，《中華文史論叢》，輯79（上海：上海古籍出版社，2005），頁287-320。

[47] 顧善慕，〈清代乾隆年間的捐納制度〉，《黑龍江社會科學》，2006：5（哈爾濱，2006.10），頁158-159。

[48] 晚清捐納討論者眾，詳參劉次涵、張學明，〈晚清捐輸初探〉，《蘭州大學學報（社會科學版）》，1984：4（蘭州，1984.12），頁58-65；尹航，〈晚清捐納制度研究〉（長春：吉林大學碩士論文，2005）；陳先松，〈試析晚清捐納的失

近藤秀樹〈清代の捐納と官僚社会の終末〉透過分析《搢紳全書》，比較清朝科舉與捐納兩種出身官員的勢力消長，指出隨著時代發展，捐納出身的官員也隨之增加，捐監實際上成為具有一定經濟實力家族的入仕途徑，使傳統科舉漸趨沒落。[49]張樂翔（Lawrence Zhang）"Office Purchase and State-Elite Relations in Qing China"透過浙江錢塘的實際案例，指出捐監也是科舉家族用以維繫家族的重要手段——與其依賴科舉，透過捐納即可取得鄉試資格，或直接入朝為官，據此，地方士族在政治上的影響力亦可以隨之延續。[50]此外，對捐納所造成的弊端，劉鳳雲〈清康熙朝捐納對吏治的影響〉即指出地方常於捐納帳目中作假，致使捐納弊端百出，且常有京官牽涉其中，更加難以查核實際銀錢進出。[51]各省官僚集團合夥收受捐監陋規的情形亦屢有所聞，楊啟樵〈康熙末年廣西捐納案〉、晏愛紅〈乾隆九年福建捐監案研究〉即討論康

控〉，《社會科學輯刊》，2005：2（瀋陽，2005.3），頁118-122；趙曉華，〈晚清的賑捐制度〉，《史學月刊》，2009：12（開封，2009.12），頁64-68。
[49] 近藤秀樹，〈清代の捐納と官僚社会の終末（上）〉，《史林》，46：2（京都，1963.3），頁250-278；近藤秀樹，〈清代の捐納と官僚社会の終末（中）〉，《史林》，46：3（京都，1963.5），頁425-448；近藤秀樹，〈清代の捐納と官僚社会の終末（下）〉，《史林》，46：4（京都，1963.7），頁582-608。
[50] Lawrence Zhang, "Office Purchase and State-Elite Relations in Qing China," *Harvard Journal of Asiatic Studies*, 73:2（December, 2013），pp. 259-297. 魏彩霞也持同樣論點，認為捐監入仕有效緩解了地主階級子弟的入仕壓力，參見魏彩霞，〈清朝捐監制度及其影響〉，《貴州文史叢刊》，2006：4（貴陽，2006.10），頁58-62。
[51] 劉鳳雲，〈清康熙朝捐納對吏治的影響〉，《河南大學學報（哲學社會科學版）》，43：1（開封，2003.1），頁6-11。

熙、乾隆年間清朝發生的捐監弊案。[52]整體而言,現行研究多圍繞捐納造成的社會問題,少有論及捐監作為地方財政的重要關鍵;隨著檔案的出版,康、雍、乾時期,朝廷屢次重開捐納的考量也可被進一步討論。除此之外,亦需注意捐監對甘肅的特殊意義,由於地理位置致使災害頻仍,又需支應西北前線軍糧與少數民族動亂。因此,捐監已然成為甘肅官員彌補財用的重要經費來源。

賑濟制度屬於中國政治傳統中重要的課題,也吸引許多學者投入研究。治清朝荒政者,或針對個別災荒進行分析,或專注於討論特定的自然災害,或分析地方倉儲的運作,或論析朝廷賑濟政策,或討論民間的救助活動。朱滸〈二十世紀清代災荒史研究述評〉認為災荒史研究應涉及三個層面:一、探討災荒成因、發生頻率與實際災情;二、討論救荒、備荒、防荒的措施;三、分析災荒對社會經濟層面的影響。[53]清朝透過設立倉儲,支應荒歉,張祥穩《清代乾隆時期自然災害與荒政研究》注意到乾隆皇帝不僅救荒時多有惠民之舉,在常平之時,仍要求各地常平倉減價平糶,使平糶法得以真正的達到惠民的效用,使百姓均霑實惠;然而,朝廷蠲免、緩徵、賑濟、借貸諸多救荒方策並行,地

---

[52] 楊啓樵,〈康熙末年廣西捐納案〉,《大陸雜誌》,41:5(臺北,1970.9),頁5-10;晏愛紅,〈乾隆九年福建捐監案研究〉,《清史研究》,2007:3(北京,2007.8),頁39-44。

[53] 朱滸,〈二十世紀清代災荒史研究述評〉,《清史研究》,2003:2(北京,2003.5),頁104-109。

方官員卻藉機從中漁利，因此皇帝救荒的良法美意實際上收效甚微。[54]陳建宇〈清代國家賑災事業興衰研究〉指出此時國家人口劇增，雖然朝廷多方賑濟，民間亦有士人勸輸，建立義倉、社倉，然而一遇災荒，百姓生計依然十分嚴峻。總體而言，乾隆晚期繁重的人口壓力、官僚機構的科層化與官僚系統的貪污腐敗，都嚴重的影響賑災的實效，使國家的賑濟陷入困境。[55]

　　清朝針對位處邊陲的甘肅，設有特殊的災賑措施。魏丕信（Pierre-Etienne Will）《十八世紀中國的官僚制度與荒政》論及甘肅節氣較中原地區更遲，加上特殊的戰略地位，獲得清朝皇帝相當的重視。[56]因此，乾隆年間即將甘肅地區報災推遲半個月，以利地方官即時報災。濮德培（Peter C. Perdue）*China Marches West: the Qing Conquest of Central Eurasia*分析甘肅長期以來作為清帝國控制蒙古與中亞地區的軍事前線，常平倉的糧食儲備在連年辦理軍需的情況下，泰半已提供軍事之用，面對災荒時僅能採取銀糧兼賑的救濟形式，並以權宜性的徵糧方式彌補常平倉儲。[57]張繼瑩〈積弊與時弊：乾隆初期甘肅倉儲的經營（1736-

[54] 張祥穩，《清代乾隆時期自然災害與荒政研究》，頁274-293。
[55] 陳建宇，〈清代國家賑災事業興衰研究〉（咸陽：西北農林科技大學博士論文，2018.5），頁29-42。
[56] 魏丕信著，徐建青譯，《十八世紀中國的官僚制度與荒政》，頁307。其餘討論參見，張祥穩，《清代乾隆時期自然災害與荒政研究》，頁292-293。
[57] Peter C. Perdue, *China Marches West: the Qing Conquest of Central Eurasia*（Cambridge, Mass.: Belknap Press of Harvard University Press, 2005），pp. 365-370. Elif Akcetin, "Corruption at the Frontier: The Gansu Fraud Scandal"（PhD diss., University of Washington, 2007），pp. 97-126.

1755）〉分析乾隆初年甘肅倉儲經營，指出乾隆皇帝在西陲暫時休兵後，刻意想要排除甘肅的「軍事影響」，使地方官員必須以市場機制作為包裝，向皇帝要求以捐監代替買補，以應付甘肅常平倉糧在軍事前線的駐兵、突發的小規模戰事所需的軍事儲糧。[58] 王功《清代寧夏地區自然災害與社會應對》則整理甘肅地區的救荒措施，指出甘肅地區的賑濟多仰賴朝廷籌措與供給，鮮有民間救災的力量，雖然朝廷對甘肅地區實施荒政屢有弊病，但整體而言仍然達到救荒拯民的作用。[59]

　　清朝的文書制度承襲明朝，以題奏本章作為溝通地方官員的重要訊息渠道，一應文書皆會載於定期刊發的邸抄之中。為確保皇帝的意志得以被貫徹、不被朝臣左右，並進一步知曉地方實際辦事情形，雍正皇帝確立祕密奏陳制度，作為皇帝與少數臣子之間祕密通信的渠道。透過題本與奏摺並行的雙軌文書制度，使皇帝可以在政務運行的同時，仍然維持訊息管道的暢通、機密與即時性，透過硃批、廷寄與官員的密摺，與地方官員建立專屬的訊息管道，以獲知地方辦理公務之外的其他訊息。普遍認為，密奏的確立，是清朝皇帝權力擴張的具體展現，有助於強化君主對官僚系統的控制力。[60]

---

[58] 張繼瑩，〈積弊與時弊：乾隆初期甘肅倉儲的經營（1736-1755）〉，頁41-76。

[59] 王功，《清代寧夏地區自然災害與社會應對》（北京：中國社會科學出版社，2019），頁169-216。

[60] Silas H. L. Wu, "The Memorial Systems of the Ch'ing Dynasty（1644-1911）," *Harvard Journal of Asiatic Studies*, 27（1967），pp.7-75; J.K. Fairbank & S. Y. Tseng "On the Types and Uses of Ch'ing Documents," *Harvard Journal*

在莊吉發《清代奏摺制度》討論奏摺制度沿革的基礎上，[61] 劉錚雲〈具題與摺奏之間：從「改題為奏」看清代奏摺制度的發展〉進一步擴充對乾隆年間奏摺制度的討論。劉氏分析康、雍、乾三朝對奏摺的定位，康熙、雍正二帝認為奏摺不可取代題本，僅是作為君臣溝通的管道，乾隆皇帝即位後，不再堅持父祖對奏摺、題本的分界，凡督撫以奏摺進言，亦予以批閱，甚或將奏摺作為推動政務執行的辦法，要求朝臣先以奏摺進言再行具題。[62] 陳連域〈清代布政使〉則聚焦雍、乾二帝利用布政使進行統治的策略，雍正皇帝透過奏摺指揮布政使監視督撫，有利於皇權的拓展；乾隆皇帝則因維護官僚秩序起見，堅持布政使需與督撫商量後，再由督撫摺報。[63] 二人的觀察可進一步得知，在奏摺制度創設初期，固然有利於皇帝耳目集中，但乾隆皇帝不再堅持奏摺與題本的分界以後，也使地方政務的運作逐漸向督撫靠攏，雖然奏摺仍作為皇帝與臣子之間重要的祕密通訊管道，但在乾隆朝的即時與機密性已然大不如前。

---

   of Asiatic Studies, 5:1（January, 1940），pp.1-71.白彬菊（Beatrice S. Bartlett）著，董建中譯，《君主與大臣：清中期的軍機處（1723-1820）》（北京：中國人民大學出版社，2017），頁4-8。

[61] 莊吉發，《清代奏摺制度》（臺北：國立故宮博物院，1979），頁19-105。

[62] 劉錚雲，〈具題與摺奏之間：從「改題為奏」看清代奏摺制度的發展〉，《四川大學學報（哲學社會科學版）》，2017：2（成都，2017.3），頁28-45。

[63] 陳連域，〈盛清時期的布政使研究〉（臺北：國立政治大學歷史學系碩士論文，2006.6），頁317-319。

三、研究方法與章節架構

　　本文擬就甘肅捐監冒賑案所涉及的捐納、賑濟、文書制度，討論制度的運作與官員的作為。其中，布政使藉辦理捐監、賑濟之機，掌握地方奏事的權力，得以虛報災情，以文書欺瞞皇帝，當是造成此案的關鍵。前此討論甘肅案者多以個案論之，或檢討君主專制體制，或認為捐納體制有所缺陷，或認為此乃一偶發事件，卻少有研究者注意王亶望利用布政使管理捐納與賑濟制度的職務之便私收折色，並以賑濟糧餉填充財務缺口。

　　鄧小南以「問題」、「過程」、「關係」為核心，提出「活的制度史」的研究方法，指出應探索研究課題的內在邏輯，提出具有層次的問題，並在制度變遷的過程中，注意制度發展變遷與社會文化所呈現的現實面貌，以及其間與制度相關的各式「關係」，方能建立對制度史更為立體的認識。[64]在此基礎上，黃寬重將「活的制度史」延伸至政治史的研究範疇，揭示制度在形成、推動與執行的過程中，受外在環境變動與人事權力關係的影響，不再是客觀獨立且靜止不變的存在。[65]如本文涉及的捐納、

---

[64] 鄧小南，〈走向「活的制度史」──以宋代官僚政治制度史研究為例的點滴思考〉，收入包偉民主編，《宋代制度史研究百年》（北京：商務印書館，2004），頁10-19。

[65] 黃寬重，〈從活的制度史邁向新的政治史──綜論宋代政治史研究趨向〉，頁69-80。

賑濟、文書制度，以往的研究多強調皇帝的主動性與制度設立的規範，甘肅案中卻可發覺地方行政官僚操作國家既有的文書體制，揭露制度受制於人事的面貌；乾隆皇帝主動裁抑布政使權力的作為，雖有效達成權力集中，卻也在密奏制度中禁錮自身的訊息管道，當是皇帝始料未及的，呈現制度與人事相結合的動態發展。

孔復禮（Philip Kuhn）《叫魂》亦指出，君主是組成帝國政治制度的一部分，而非遠離制度無限權力的專制者，「叫魂案」即呈現君主的專制權力與官僚常規化的行政運作體系在政治事件中相互衝突的樣貌，[66]是以乾隆皇帝在例行性國家制度與非常態案件之間的權衡頗值得注意。在處置甘肅案的過程中，乾隆皇帝極力譴責甘肅官員「一氣通下上」，與具有高度機密性的密奏制度相違背，然在維持常規秩序的前提下，皇帝的專制權力究竟是如孔復禮所言，呈現受制於常規權力的現況，抑或是皇權以其他方法強化統治者的權力，實值得深入探究。

雖然密奏制度設立的原意是讓皇帝可以迅速知曉地方情形，但是地方是否願意上報，實則與官員身處的官場文化有關，而非設立相關制度即可。雖然乾隆皇帝認為甘肅官員「一氣通下上」，聯合透過制度的漏洞欺瞞皇帝，反應奏摺作為帝國通訊制

66　《清代宮中檔奏摺及軍機處檔摺件資料庫》（臺北：國立故宮博物院），文獻編號：403028426，〈陝甘總督勒爾謹．奏為請復甘省捐監舊例以裕倉儲以濟民生事〉，乾隆三十九年二月十六日。

度的極限，更進一步提醒我們，制度始終仰賴人事從中解釋、運作，非單純談論制度便可回應此一議題。從以上討論可知，甘肅案實際上是在諸多體制交錯下方才得以發生，亦可進一步思考更深層的問題：王亶望在一般認為皇權高度集中的乾隆時代，如何運用制度的漏洞與自己的職位之便，躲過朝廷的種種監察體系，最終達成自己的目的。

在章節安排方面，本文除緒、結論外，共分三章，擬以甘肅捐監冒賑案的進程為核心，討論甘肅官員與皇帝之間的奏報呈現出失常的帝國秩序。

第一章〈藉收折色圖侵蝕：捐納與蠹捐〉討論清朝透過捐納制度彌補地方需用，在財政需求與易流於貪腐的捐納制度之下皇帝的取捨；透過重建乾隆三十九年甘肅捐監的規範，討論以前布政使為核心的甘肅捐監實況。王亶望私收折色，以低價吸引各省士子前往甘肅捐監；王廷贊繼任以後，加收雜費以補衙門日常需用，此些皆屬地方長年以來的陋規，呈現出地方無視國家制度規範的情況。

第二章〈惠民之舉轉累民：賑濟與冒賑〉則以蠹捐之後的冒賑為核心，討論清朝皇帝對賑濟制度的規範與調整，卻仍不敵甘肅官員的欺瞞。甘肅官員藉由布政使的職權之便，調控地方的賑濟銀兩；州縣官聽命虛報賑災者便可獲得賑濟，若少報者則無利可圖。擬透過甘肅案重新檢討賑濟制度的規範與實際施行的落差，建立賑濟制度在甘肅實際運行的面貌。

第三章〈使貪官知所炯戒：皇帝的處置〉分析乾隆皇帝對此案的處置，如何體現乾隆皇帝的統治技術。乾隆皇帝嚴格懲治甘肅涉案官員，卻未對國家制度運行時衍生的諸多弊病加以調整，本章將以皇帝的視角，討論乾隆皇帝在權衡之下懲治甘肅官員的考量，與案件處置完畢後，如何重新維繫皇帝的統治權力、告誡臣僚，以達到裨益統治的目的。

第一章
藉收折色圖侵蝕：捐納與蠹捐

向來甘省藩庫收捐監生，原因該處出產米穀較少，不得不
有藉捐輸以資裒益。近年以來，該處收捐糧石各州縣，倉
廩當已充足，況行之日久，其中轉不免弊竇。地方官既經
收捐監穀，其幕友家人等，或竟視為利藪，因緣滋弊，不
可不防其漸。[*]

　　清朝捐納制度承襲自明朝，用以補充朝廷財政的不足。康、
雍兩朝以因事而開的暫行事例為主要捐納對象，凡朝廷遇有重大
急務皆可奏請開捐，事畢則罷，其捐納對象以官員的陞、復、加
級為主；乾隆朝則確立「在內捐銀、在外捐穀」的運作模式。本
章說明乾隆皇帝在捐監積弊之下，允許甘肅重新開捐的考量。接
著討論甘肅捐監的運作模式，如何成為官員眼中的「利藪」，藉
由納捐之機，謀一己之私。

---

[*] 中國第一歷史檔案館編，《乾隆朝懲辦貪污檔案選編》，冊2，頁1193，〈寄諭阿桂
等著將甘肅收捐監糧有無情弊及應否停止據實奏聞〉，乾隆四十六年五月十六日。

第一節　捐納的開辦

乾隆三十九年（1774），陝甘總督勒爾謹（1719-1781）以甘肅米價平減為由，奏請復開捐監，曰：

> 甘省農民全藉糶糧為生，邇年來歲慶屢豐，米糧價值平減，若非皇上鴻恩，准令官為採買，則民間必有穀賤傷農之慮，第〔第〕每歲必用銀百餘萬兩，而倉儲究不能全行補額，……計目下近省庫項各有支用，難以動撥，必待遠省協濟或請發部帑，長途遠涉，未免挽運維艱。今若乘此有秋，准復捐監舊例，聽閭閻自為輸納，在商賈人等子弟既有進身之路，而小民售賣餘糧，亦得贍其家室，誠為兩便。[1]

如此一來，國家可免去撥帑運輸之煩，商賈可獲仕進之階，小民則可免去穀賤傷農之慮，誠為一舉三得的好辦法。

---

[1] 清·清高宗敕撰，《欽定大清會典則例》（收入《景印文淵閣四庫全書》，冊621，臺北：臺灣商務印書館，1983），卷55，〈戶部·蠲卹〉，頁76b。甘肅因地理環境與戰略位置，蒙朝廷屢屢提供特殊的財政資助，參見魏丕信（Pierre-Etienne Will）著，徐建青譯，《十八世紀中國的官僚制度與荒政》（南京：江蘇人民出版社，2006），頁307；張祥穩，《清代乾隆時期自然災害與荒政研究》（北京：中國三峽出版社，2010），頁302-303。

甘肅「地處極邊，節候甚遲」，[2]加上連接青海、新疆，是清朝與中亞的交通要道，向為統治者重視。康、雍、乾三朝皆於西陲駐有重兵，以甘肅地方儲糧供給軍餉，致使糧食儲備出現缺口，是以甘肅倉儲需倚賴捐監方能維持平抑糧價、供給民食的任務，[3]惟弊端亦由此而生。乾隆三十一年（1766），各省收捐折色情形嚴重，朝廷下令停止各省捐監，[4]甘肅倉儲的積貯之法僅剩下採買一途，雖然戶部每年撥補百餘萬帑金，仍無法補齊甘肅常平倉儲額定的328萬石。[5]因此，地方官員方嘗試以捐監填補倉儲的空缺，以備不時之需。

　　在勒爾謹上奏之前，戶部侍郎王際華（1717-1776）、曹秀先（1708-1784）曾奏請復開甘肅捐監，以彌補常平倉的缺額，但「皆經戶部議駁」；甘肅布政使尹嘉銓（1711-1781）也因「自停捐以來，商賈卻步不前，甘省物價日昂」為由，奏請復開捐監。[6]惟乾隆皇帝（弘曆，1711-1799，1735-1796在位）認為，目前甘肅尚須仰賴

2　乾隆初年甘肅倉儲問題，參見張繼瑩，〈積弊與時弊：乾隆初期甘肅倉儲的經營（1736-1755）〉，《近代史研究所集刊》，94（臺北，2016.12），頁41-76。

3　停止陝甘捐監，參見中國第一歷史檔案館編，《乾隆朝上諭檔》（北京：檔案出版社，1991），冊4，頁913，乾隆三十一年七月初四日，內閣奉上諭；停止直省捐監，參見中國第一歷史檔案館編，《乾隆朝上諭檔》，冊4，頁965，乾隆三十一年十月十一日，大學士等字寄福建廣東湖南湖北雲南各督撫。

4　清·允裪等奉敕撰，《欽定大清會典》（收入《景印文淵閣四庫全書》，冊619，臺北：臺灣商務印書館，1983），卷12，〈戶部·積貯〉，頁7b-8b。

5　中國第一歷史檔案館技術部攝製，《宮中硃批奏摺·財政類》（北京：中國第一歷史檔案館，1987），檔號：04-01-35-0622-025，〈甘肅布政使尹嘉銓·奏陳甘省積歉情形請仍復捐監舊例摺〉，乾隆三十六年五月十八日。

6　中國第一歷史檔案館編，《乾隆朝上諭檔》，冊6，頁680，乾隆三十六年六月十二日，奉上諭。

他省接濟，不宜行捐監「耗穀之舉」，開例「斷不可行」；[7]
直至乾隆三十九年，方在戶部奏請下同意甘肅「復收監穀舊
例」。[8]

　　清朝沿用中國歷代的捐納之法，由朝廷向鄉紳徵集米銀，
以補財政缺口，鄉紳則可獲得官員的頭銜。清初的捐納，多為因
事而開、事畢則罷的暫行事例，在軍需、倉儲、救荒、河工等事
上遇有財政困難時，常開捐納條例，使民人可藉以獲得官職、虛
銜或監生身分。[9]其中，捐監因所需米銀數額較少，廣為人民接
受，且與捐納實際官缺相比，也不影響官僚系統原有的秩序。早
在順治六年（1649），戶部即因兵餉不敷使用，「援納監生」；[10]
順治九年（1652），水旱頻仍，由監察御史王秉乾（生卒年不詳）奏
言，建議仿效《周禮》荒政，「專申輸粟之令，有罪者准與納粟
贖罪，倡義助賑者，酌量褒獎」。[11]自順治十年（1653）起，朝廷

7　中國第一歷史檔案館編，《乾隆朝上諭檔》，冊6，頁680，乾隆三十六年六月十
　　二日，奉上諭。
8　清‧慶桂等修，《清實錄‧高宗純皇帝實錄》（北京：中華書局，1986），卷
　　955，頁945a，乾隆三十九年三月二十五日戊寅。
9　清朝的捐納項目繁多，除了民人可以捐監、捐榮銜封典之外，官員亦得援例捐
　　升、捐先用、捐復，參見伍躍，《中國的捐納制度與社會》（上海：江蘇人民出
　　版社，2013），頁74-75。
10　清‧鄂海等修，《六部則例全書》（康熙五十五年〔1716〕刻本，華盛頓：美國
　　國會圖書館藏），〈戶部‧捐敘‧納監原例〉，頁79a。此處「援納監生」所援
　　之舊例，應為明朝捐監舊例，詳參明‧申時行等纂，《（萬曆）大明會典》（臺
　　北：東南書報社，1963），卷77，〈禮部‧貢舉‧歲貢〉，頁1221a-1225a。
　　按：明朝捐監例與歲貢例同，參見明‧徐學聚編，《國朝典彙》（據中國科學
　　院圖書館藏明天啟四年〔1624〕徐與參刻本影印，收入《四庫存目叢書》，冊
　　264，臺南：莊嚴，1996），卷85，〈吏部‧監生〉，頁2b，景泰元年二月。
11　《內閣大庫檔案資料庫》（臺北：中央研究院歷史語言研究所），登錄號：

便訂立相關規範，凡在勸輸之時捐納米銀助賑者，可獲得相應的褒獎。[12]

康熙初年，雖設有常平捐監，但需銀500兩，對一般人是很大的負擔，說明朝廷認定潛在的捐監者是富家子弟。由於時人普遍認為捐納「於官箴有玷」，因此常平捐監實際上「所捐錢糧無幾」，便宣告「概行停止」。[13]康熙十四年（1675），朝廷因用兵三藩，在錢糧需用繁多之下又重新開捐，捐監額數由200石調降為24石，捐納內容亦改為糧草，以供應軍隊所需，說明捐納可按各地不同的需求，進行數額的調整。另一方面，開捐的理由亦不限於賑濟、軍需等急用，例如：康熙三十四年（1695），盛京議開〈通倉運米事例〉，凡自通倉運送相應數量的米糧至盛京，即可獲得榮銜封典或任官資格，藉以免去戶部調運米穀補倉的業務。[14]

整體而言，順治、康熙年間由於制度初設，所開的21個捐監事例（參見「附錄1」）皆因應現實需求而調整，並無統一的納捐標準，惟期達到彌補國家財用的功能。不過，康熙皇帝（玄燁，1654-1722，1662-1722在位）也表達他不輕易開捐的立場，曰：

153327，〈山東道監察御史王秉乾‧題報各地水旱告災請倣周禮荒政專申輸粟之令有罪者准與納粟贖罪倡義助賑者酌量褒獎一切山澤之利暫馳其禁俾百姓糊口〉，順治九年九月三日，「貼黃」。
[12] 順治年間對賑捐的詳細規定，參見伍躍，《中國的捐納制度與社會》，頁349-350。
[13] 清‧鄂海等修，《六部則例全書》，〈戶部‧捐敘‧納監原例〉，頁79a-b。
[14] 清‧鄂海等修，《六部則例全書》，〈戶部‧捐敘‧通倉運米事例〉，頁96a-97a。

凡事例原因一時急需，且於小民實有裨益，方始舉行。倘
一遇荒歉，即開例捐納，恐捐納之人不能遠道運輸，仍於
開例之處購買米穀，則價值必益騰貴，反致苦累小民。[15]

惟西北地方「無平原水道可行軍需，輸運勞苦，百倍東南」，
特於康熙四十二年（1703）議開甘肅常平捐納事例，[16]使「民困可
甦、物力可聚」。[17]為此甘肅將戶部規定「豆二石折米、麥一
石」的實物兌換方式，改為豆一石折米一石，並開放徵收粗糧，
以改善西陲對糧食的需求甚多卻收捐不易的情況。[18]其後，又陸
續議開〈甘肅糧草事例〉、〈甘肅軍需捐例〉、〈甘肅湖灘河所
捐例〉，並規定收捐本色，反映甘肅作為西北軍事前線迫切的糧
食需求。[19]

　　雍正皇帝（胤禛，1678-1735，1722-1735在位）即位後，認為「開例
捐納，少助軍需，原屬一時權宜，非可行之久遠」，因此在西

---

[15] 清‧庫勒納等奉敕撰，《清代起居注冊‧康熙朝》（臺北：聯經出版事業公司公司，2009），冊2，頁966-968，康熙三十年十月初七戊子。

[16] 清‧鄂海等修，《六部則例全書》，〈戶部‧捐敘‧甘肅常平事例〉，頁97a-b。

[17] 清‧庫勒納等奉敕撰，《清代起居注冊‧康熙朝》，冊2，頁797-799，康熙三十年六月十七日辛未。

[18] 中國第一歷史檔案館編譯，《康熙朝滿文硃批奏摺全譯》（北京：中國社會科學出版社，1996），冊2，頁329-330，〈西安將軍博霽‧奏陳更改捐納例緣由幷雨水摺〉，康熙四十三年七月初二日。

[19] 為鼓勵人民赴邊地納捐，此些捐例亦照路途遠近減免捐納額數，肅州十分減四，甘州十分減三，涼州、西寧十分減二；「願交銀者」，則可於「鞏昌司庫交納」，參見清‧鄂海等修，《六部則例全書》，〈戶部‧捐敘〉，頁112b-113a、雙113b-115b、117a-120a。

北戰事稍歇後，諭令停止康熙朝晚期成效甚佳的軍需捐例。[20]不過，由戶部制定的〈常平倉生俊捐監事例〉仍在各省施行。[21]惟常平捐例捐者寥寥，[22]與同時期各項暫行事例的捐納盛況，有不

---

[20] 中國第一歷史檔案館編，《雍正朝起居注冊》（北京：中華書局，1993），冊1，頁315，雍正二年九月初三。康熙朝晚期西北開捐成效甚佳，吏部尚書田從典（?-1728）統計他任內17個月餘（雍正元年正月十八日至雍正二年五月二十八日），西北捐納共收捐銀2,511,468兩，參見中國第一歷史檔案館譯編，《雍正朝滿文硃批奏摺全譯》（合肥：黃山書社，1998），冊1，頁932-933，〈吏部尚書田從典等·奏報收過捐納銀兩數目摺〉，雍正二年九月十五日。雍正年間因事而開的其餘捐例〈阿爾台運米事例〉、〈營田事例〉、〈雲貴墾荒事例〉、〈豫籌糧運例〉，參見許大齡，《清代捐納制度》（收入沈雲龍主編，《近代中國史料叢刊·續編》，輯40，冊399，臺北：文海出版社，1966），頁37-39。

[21] 廣東巡撫楊永斌的奏摺內曾提及此例，然目前應已亡佚，參見《清代宮中檔奏摺及軍機處檔摺件資料庫》，文獻編號：402008696，〈廣東巡撫楊永斌·奏報擬令粵省常平穀倉銀穀並收以廣積儲〉，雍正十一年十一月九日。雍正年間常平捐例散見於不同檔案，列舉如下：直隸、河南、山東、山西四省，參見《清代宮中檔奏摺及軍機處檔摺件資料庫》，文獻編號：402005743，〈署掌陝西道事江南道監察御史于廣·奏為飭令各省於每年秋熟後補還挪借之常平倉穀〉，雍正元年六月三十日。江南省參見中國第一歷史檔案館技術部攝製，《宮中硃批奏摺·財政類》，檔號：04-01-35-1107-033，〈兩江總督那蘇圖·奏議變通捐監之例事宜摺〉，乾隆三年五月十一日。浙江省參見《清代宮中檔奏摺及軍機處檔摺件資料庫》，文獻編號：402008151，〈四川布政使佛喜·奏請川省開立常平倉捐納事例以為建城之用費〉，雍正四年十一月二十六日。雲南省參見《清代宮中檔奏摺及軍機處檔摺件資料庫》，文獻編號：402008578，〈福建按查使李玉鉉·奏報州縣捐貯常平穀石撥儲摺〉，雍正八年七月二十一日。四川省參見《清代宮中檔奏摺及軍機處檔摺件資料庫》，文獻編號：402008151，〈四川布政使佛喜·奏請川省開立常平倉捐納事例以為建城之用費〉，雍正四年十一月二十六日。廣東省參見《清代宮中檔奏摺及軍機處檔摺件資料庫》，文獻編號：402008696，〈廣東巡撫楊永斌·奏報擬令粵省常平穀倉銀穀並收以廣積儲〉，雍正十一年十一月九日。湖廣總督轄下的湖北、湖南二省，參見清·鄂爾泰等修，《清實錄·世宗憲皇帝實錄》（北京：中華書局，1986），卷54，雍正五年三月二十五日壬子，頁825b-826a。福建省參見《內閣大庫檔案資料庫》，登錄號：010062-001，〈福建巡撫趙國麟·揭報盤查雍正八年閏省監積贖穀存貯情形再查臺灣稻粟向歸于歷年奏銷案內造報又此案原咨註語未經全敘合併聲明〉，雍正九年八月二十九日。

[22] 例如：兩江總督查弼納（?-1731）奏稱，兩江「雖設有捐輸之制，但其捐輸者

小的差異。[23]究其原因，因事而開的捐例係朝廷收捐以補財用，中下級官員可藉機捐升、捐加級，對宦途有所助益；而雍正年間的常平事例僅能捐監，收捐對象為在學生員、俊秀子弟，捐納人數自然不如暫開之事例。雍正年間常平捐納人數縮減，常有「欲博化民成俗之譽」的地方督撫授意屬員「抑勒誅求，計家資之豐約，定捐輸之多寡」，藉捐監「假公苛斂，中飽侵漁」，造成不少亂象。對此，乾隆皇帝怒斥曰：「名曰利民，而適以病民。」[24]即於乾隆元年（1736）下令停止「京師及各省現開捐納事例」，[25]僅在朝臣的請求下，保留「直省生童等赴部投捐」，每名俊秀收銀108兩，做為「士子進身之始」。[26]乾隆年間將康、雍

甚寡，無濟於事」；廣東巡撫楊永斌（1670-1740）亦摺稱，廣東省自雍正四年（1726）議開常平監事例以來，七年間僅收穀27,400石，遠不敷日常糴糴使用，亦恐難以支應荒年所需，參見中國第一歷史檔案館編，《雍正朝滿文硃批奏摺全譯》，冊1，〈兩江總督查弼納·奏議勸民出糧裕倉以備旱澇摺〉，雍正二年六月二十九日，頁856-857；《清代宮中檔奏摺及軍機處檔摺件資料庫》，文獻編號：402008696，〈廣東巡撫楊永斌·奏報擬令粵省常平穀倉銀穀並收以廣積儲〉，雍正十一年十一月九日。

23 雍正時期捐納的盛況，參見王志明，〈康熙雍正時期捐納考析〉，收入李國章、趙昌平主編，《中華文史論叢》，輯79（上海：上海古籍出版社，2005），頁287-320。

24 國立故宮博物院珍藏，《清代起居注冊·雍正朝》（臺北：聯經出版事業公司，2015），冊22，頁11061-11064，雍正十三年十月二十日乙酉。

25 中國第一歷史檔案館編，《乾隆朝上諭檔》，冊1，頁5，乾隆元年正月二十一日，總理事務王大臣奉上諭。

26 中國第一歷史檔案館技術部攝製，《宮中硃批奏摺·財政類》，檔號：04-01-35-0618-006，〈管理戶部尚書事張廷玉等·奏議生童捐監摺〉，乾隆二年二月十二日。此次戶部開捐以收銀為主，俊秀收銀108兩、附生收銀90兩、增生收銀90兩、廩生收銀60兩、武生收銀100兩、青衣生收銀150兩，參見中國第一歷史檔案館技術部攝製，《宮中硃批奏摺·財政類》，檔號：04-01-35-0618-009，〈雲南總督慶復·奏請變通捐監事例摺〉，乾隆三年五月七日；檔號：1107-033，〈兩

兩朝開捐額數較高的暫行事例，改以開捐額數較少的現行常例為主；捐納對象也由捐實缺、捐復、捐加級，轉變為常態性且無關銓選的捐監、捐榮銜封典。[27]

乾隆三年（1737）正月，乾隆皇帝以「貯粟養民，乃國家第一要務」為由，[28]議開各省捐監事例，共擬增加「貯穀三千餘萬石」。[29]諭曰：

> 今再四思，維積穀原以備賑，與其折銀交部，至需用時動帑採辦，輾轉後期，不能應時給發。曷若在各省捐納本色，就近貯倉，為先事之備。[30]

為使捐監達到「積穀以備賑」的目的，乾隆皇帝將戶部捐監事例移交各直省辦理，並訂定全國一致的標準。首先，要求各省一律收捐本色，以免滋弊，且以方便保存、可作為賑糧的穀物為主，也可避免折算糧色時造成錯誤。其次，各省納捐糧色數目以乾隆

江總督那蘇圖‧奏議變通捐監之例事宜摺〉，乾隆三年五月十一日。

[27] 伍躍，《中國的捐納制度與社會》，頁75-81。

[28] 中國第一歷史檔案館編，《乾隆朝上諭檔》，冊1，頁247，乾隆三年正月十七日，內閣奉上諭。

[29] 《內閣大庫檔案資料庫》，登錄號：202405-001，〈戶部‧移會典籍廳戶部尚書海望奏議御史趙青藜復請停止捐監之處應請停止各省捐監仍照九卿原議在部交銀將所收之銀扣抵各省買穀銀款俟倉儲充盈之後應否停止捐監再行請旨〉，乾隆六年二月。

[30] 中國第一歷史檔案館編，《乾隆朝上諭檔》，冊1，頁247，乾隆三年正月十七日，內閣奉上諭。

元年戶部例為本，按各地糧價與地理位置酌定收捐額數，由於各地收捐額數不同，遂議定報捐者僅能「在本州縣投捐，不許混赴別邑捐納」。同時，議定各省收捐耗費章程，由收捐衙門統一收取公倉費銀，以杜絕官吏暗中需索的情弊。[31]然而，各省的本色開捐，成效並不如預期。截至乾隆六年（1741）為止，全國僅「捐貯穀二百五十餘萬石」，尚不及各省所開捐額的十分之一。戶部尚書海望（？-1755）指出，原先戶部納銀捐監每年可有120-130萬兩的收入，但「自移歸本省捐穀」，每年收捐穀數折合銀兩僅收30-40萬兩。[32]由於「銀有定數，穀無定價」，[33]各省米價較之乾隆三年已然上漲，造成納捐「本色重於折色」，[34]且各省收穀時或擔心霉變賠補，或顧慮運送腳價，遂於原定捐額外多開規費，較之捐銀價格為高，致使各省報捐寥寥。

為平衡捐監造成的米價上漲與積貯，乾隆皇帝嘗試兼開戶部

---

[31] 例如：江南三省即可於每收穀100石時，收公費銀1.5兩，作為「上下衙門書吏紙張、飯食」之用，參見中國第一歷史檔案館技術部攝製，《宮中硃批奏摺・財政類》，檔號：04-01-35-1107-033，〈兩江總督那蘇圖・奏議變通捐監之例事宜摺〉，乾隆三年五月十一日。

[32] 《內閣大庫檔案資料庫》，登錄號：202405-001，〈戶部・移會典籍廳戶部尚書海望奏議御史趙青藜復請停止捐監之處應請停止各省捐穀仍照九卿原議在部交銀將所收之銀扣抵各省買穀銀款俟倉儲充盈之後應否停止捐監再行請旨〉，乾隆六年二月。同摺見〈戶部尚書海望・為請將各省捐監停止仍歸戶部辦理事〉，乾隆六年二月初八日，收入呂小鮮編選，〈乾隆三年至十三年納穀捐監史料（上）〉，《歷史檔案》，1991：04（北京，1991.12），頁14-15。

[33] 〈署湖廣總督鄂彌達・為請改各省捐監交納本色為交納折色事奏摺〉，乾隆十年五月十三日，收入呂小鮮編選，〈乾隆三年至十三年納穀捐監史料（下）〉，《歷史檔案》，1992：1（北京，1992.4），頁18-19。

[34] 清・慶桂等修，《清實錄・高宗純皇帝實錄》，卷160，頁22a，乾隆七年二月十四日甲辰。

捐銀、各省捐穀事例，[35]或下令停止各省「捐監收米之例」，並禁止官府採買以平抑糧價，[36]惟米價仍居高不下。乾隆皇帝指出：

> 蓋米價之貴，貴於官買，不貴於捐監。官買則商民聞風增長，或吏胥作奸舞弊，往往至於累民；若捐監則各出其有餘以輸之官，於市價原無關礙。是外省多收監穀，採買即可以久停，於倉儲、民食，兩有裨益。[37]

為避免地方生俊仍「以捐穀為難」，觀望不前，[38]遂於乾隆九年（1744）、乾隆十年（1745）降旨重開各省捐穀事例與戶部捐銀例，確立「在內（戶部）捐銀、在外（各省）捐穀」的收捐方式。

不論戶部開捐與否，為了防弊與平衡糧價，乾隆皇帝始終堅持僅能在本地以本色納捐，但邊陲省分的報捐仍有一些彈性設置。如陝西、甘肅二省「山地多、川原少，本省人多種豆、麥、雜糧」，因此准以米、麥、豆三色報捐。另一方面，邊區「富餘之家甚少」，本籍捐監者亦屬寥寥，陝西、甘肅、四川、雲南

---

35 中國第一歷史檔案館編，《乾隆朝上諭檔》，冊1，頁699，乾隆六年二月初八日，奉旨。

36 中國第一歷史檔案館編，《乾隆朝上諭檔》，冊1，頁842-843，乾隆八年四月十六日，內閣奉上諭。

37 中國第一歷史檔案館編，《乾隆朝上諭檔》，冊1，頁905，乾隆九年二月二十五日，內閣奉上諭。

38 中國第一歷史檔案館編，《乾隆朝上諭檔》，冊2，頁65，乾隆十年十月初十日，奉旨。

等省遂准「外省商賈子弟」在本省報捐。[39]然而，偏遠省分允許外省捐監，卻也引發「包攬代納」的弊端，各省官員子弟、親戚、幕友常利用職務之便，未收監糧便先行給付〈實收〉（由州縣衙門發給捐納監生的收據），造成錢糧虧空。[40]因此，乾隆皇帝遂在乾隆五年（1740）九月指示各省「停止兼收外省投捐」，惟有甘肅不在此限，[41]其原因有二：一、自乾隆三年開捐以來，三年內甘肅「本地生俊止捐過五百餘名，外省商賈人等實捐過四千四百餘名」，說明本籍人捐監者少的實況；二、甘肅需充裕倉儲以應付軍事需求，然而兩年內僅收捐40餘萬石，不得不以外省報捐補充積貯。[42]不過，甘肅允許外省商賈報捐的特權，旋因「包收折價，抑勒派買」之弊，於隔年宣告停止。[43]

---

[39] 陝西、甘肅事例參見中國第一歷史檔案館技術部攝製，《宮中硃批奏摺·財政類》，檔號：04-01-35-1109-018，〈川陝總督查郎阿等·奏陳陝西省捐監事宜摺〉，乾隆三年十月十一日。四川省例參見中國第一歷史檔案館技術部攝製，《宮中硃批奏摺·財政類》，檔號：04-01-35-1112-026，〈四川按察使李如蘭·奏請變通捐監事例以實邊地倉儲摺〉，乾隆四年十一月十九日。雲南省另准官員子弟於本省報捐，參見中國第一歷史檔案館技術部攝製，《宮中硃批奏摺·財政類》，檔號：04-01-35-0618-009，〈雲南總督慶復·奏請變通捐監事例摺〉，乾隆三年五月七日。

[40] 《內閣大庫檔案資料庫》，登錄號：024446-001，〈協理戶部事務訥親·奏覆川省人民赴甘報捐事〉，乾隆五年十二月二十四日。

[41] 清·慶桂等修，《清實錄·高宗純皇帝實錄》，卷129，頁833a，乾隆五年十月二十日丁巳。

[42] 《內閣大庫檔案資料庫》，登錄號：024446-001，〈協理戶部事務訥親·奏覆川省人民赴甘報捐事〉，乾隆五年十二月二十四日。

[43] 中國第一歷史檔案館技術部攝製，《宮中硃批奏摺·財政類》，檔號：04-01-35-1137-031，〈甘肅巡撫黃廷桂·奏請變通捐監事例緣由摺〉，乾隆十一年十二月二十一日。停止甘肅外省捐監諭旨，參見中國第一歷史檔案館編，《乾隆朝上諭檔》，冊1，頁698，乾隆六年二月初七日，內閣奉上諭。張繼瑩曾說明此時甘肅包攬納捐的情弊，參見張繼瑩，〈積弊與時弊：乾隆初期甘肅倉儲的經營

乾隆皇帝停止甘肅外省商賈子弟報捐，使甘肅常平倉政頓時陷入困境。在乾隆六年停止外省報捐以前，三年內共收監糧1,001,591石；之後，四年間僅收43,118.2石，雖有戶部發帑採買倉糧，仍有很大的缺額。為了鼓勵士民納捐，甘肅捐額已然降低，「約不過九十兩即可捐監一名」，仍不見起色。[44]乾隆十一年（1746），甘肅巡撫黃廷桂（1691-1759）奏請仍沿舊例，准「外省客寓商賈子弟」以折色報捐，並擬將捐監收歸藩司辦理，以避免從前州縣官員包攬納捐的弊端，[45]卻遭戶部以「計一省之倉貯，而有妨於各省之收捐」為由議駁。[46]乾隆十五年（1750），甘肅巡撫鄂昌再次奏請准在甘貿易外省商賈捐輸本色，[47]乾隆皇帝指示由戶部議覆，雖無後續戶部覆奏的結果，但從甘肅布政使蔣炳（1798-1764）的奏摺中可知，至遲於乾隆二十五年（1760），已有「本省生俊及外省商賈子弟收買餘糧」，於各州縣報捐的情

（1736-1755）〉，頁53-55。

[44] 甘肅省在停止外省捐監後，即經部議「將甘肅等省酌減一五收捐」，即酌減六分之五，約83%的捐額，參見中國第一歷史檔案館技術部攝製，《宮中硃批奏摺‧財政類》，檔號：04-01-35-1137-031，〈甘肅巡撫黃廷桂‧奏請變通捐監事例緣由摺〉，乾隆十一年十二月二十一日。

[45] 中國第一歷史檔案館技術部攝製，《宮中硃批奏摺‧財政類》，檔號：04-01-35-1137-031，〈甘肅巡撫黃廷桂‧奏請變通捐監事例緣由摺〉，乾隆十一年十二月二十一日。

[46] 中國第一歷史檔案館技術部攝製，《宮中硃批奏摺‧財政類》，檔號：04-01-35-1138-020，〈管理戶部尚書事務劉於義等‧奏議甘肅巡撫黃廷桂奏請變通甘省捐例摺〉，乾隆十二年二月十六日。

[47] 中國第一歷史檔案館技術部攝製，《宮中硃批奏摺‧財政類》，檔號：04-01-35-0621-018，〈甘肅巡撫鄂昌‧奏請仍准外省商人在甘省捐輸本色摺〉，乾隆十五年六月十六日。

形；[48]其後，甘肅巡撫常鈞（1702-1789）也提及重新開放「江浙富庶之地」的江南、浙江、湖廣、江西四省商賈於甘肅捐監。[49]

　　相較於乾隆初年的捐監窘況，此時在報捐的監生人數已有所改善。以乾隆三十年（1765）為例，在內捐銀者約有6,874人，[50]於甘肅捐穀者則高達9,923人。[51]惟乾隆皇帝聽聞陝甘漸有收捐折色的弊端，[52]遂藉口捐監成效不彰，[53]於乾隆三十一年降旨停止陝、甘兩省現行捐監之例，願捐監者可赴戶部報捐。[54]針對甘肅

48　中國第一歷史檔案館技術部攝製，《宮中硃批奏摺·財政類》，檔號：04-01-35-0622-003，〈甘肅布政使蔣炳等·奏請暫復監糧舊額以重積貯摺〉，乾隆二十五年二月初八日。

49　《內閣大庫檔案資料庫》，登錄號：067495-001，〈戶部·移會稽查房甘肅巡撫常鈞奏請江浙二省之人請願在甘捐監者聽其自便一摺〉，乾隆二十八年十月。

50　乾隆三十年，戶部收捐監生金額為742,378兩，以每名監生額108兩計，約有6874人納捐。戶部收捐金額，參見《清代宮中檔奏摺及軍機處檔摺件資料庫》，文獻編號：011862，〈乾隆二十九年分至三十四年分部捐監生銀數單〉，無年月。

51　乾隆三十年，甘肅收捐穀565,600石，除以當時甘肅收捐糧色的平均數57石，可知共約有9923人捐監。甘肅收捐額數參見《清代宮中檔奏摺及軍機處檔摺件資料庫》，文獻編號：011841，〈乾隆二十八年至三十四年甘肅節年收捐採買糧數銀數單〉，無年月。又，甘肅捐監糧色每名俊秀捐糧在54-60石之間，參見中國第一歷史檔案館技術部攝製，《宮中硃批奏摺·財政類》，檔號：04-01-35-0622-012，〈甘肅巡撫明德·奏請酌更捐監糧數以裕倉儲摺〉，乾隆二十六年七月十二日。

52　陝甘的捐監弊端如：「私收折色、派買累民、挪移侵蝕、幕友棍徒招引包攬、虛出倉收」等，參見中國第一歷史檔案館技術部攝製，《宮中硃批奏摺·財政類》，檔號：04-01-35-0622-025，〈甘肅布政使尹嘉銓·奏陳甘省積歉情形請仍復捐監舊例摺〉，乾隆三十六年五月十八日。

53　《內閣大庫檔案資料庫》，登錄號：144735-001，〈戶部·戶部為陝甘二省奉諭停止捐監事〉，乾隆三十一年七月。

54　甘肅停捐一事並非特例。隨著戶部庫存銀達到有清以來的顛峰，乾隆皇帝先於乾隆二十八年（1763）停止江浙四省的捐監事例；而陝甘停捐後三個月，直隸、安徽、山西、河南等省事例也先後停止，僅有雲南、福建、廣東、湖南、湖北等省「或在邊遠，或為出米之鄉」，而不在停止之列。戶部庫存銀趨勢，參見史志

可能會面臨的財政窘況，乾隆皇帝下令戶部「發庫帑三百萬兩，存留甘省備用」，於「米價平減之時」採買，陸續補足庫存穀數，不敷者則由戶部另行撥給。[55]停捐以後，少有納捐者願意遠道至北京捐監，[56]使捐監額數大不如前，但在防止私收弊端的前提之下，乾隆皇帝仍僅開放戶部捐監。

乾隆三十六年（1771），尹嘉銓再次奏請復開甘肅捐監舊例，即陳明甘肅的現況，奏曰：

> 臣今身任地方，目睹民間疾苦，體察補救良方，始知採買之與開捐各有利弊，權其重輕，則採買未若開捐之為利甚普，與其因弊而廢利，大有損于國計；何如興利而除弊，實有益于民生。查甘省屢年被災，民無蓋藏，一切賑恤口糧籽種需用浩繁，以致官倉缺乏，雖年年酌籌採買，而所入之數每不敷所出之數，且凡遇採買市價漸昂，不得不隨時停止，迫需用正急，而倉穀無多，又不得不廣請撥運，

宏，《清代戶部銀庫收支和庫存研究》（北京：社會科學文獻出版社，2014），頁84-87。各省停捐參見中國第一歷史檔案館編，《乾隆朝上諭檔》，冊4，頁296-297，乾隆二十八年九月二十五日，內閣奉上諭；《內閣大庫檔案資料庫》，登錄號：144735-001，〈戶部·戶部為陝甘二省奉諭停止捐監事〉，乾隆三十一年七月。

[55] 《內閣大庫檔案資料庫》，登錄號：144735-001，〈戶部·戶部為陝甘二省奉諭停止捐監事〉，乾隆三十一年七月。

[56] 乾隆三十年，戶部收捐監生金額為742,378兩；甘肅停捐以後，乾隆三十二年戶部收捐監生金額為844,450兩，漲幅僅約13%，參見《清代宮中檔奏摺及軍機處檔摺件資料庫》，文獻編號：011862，〈乾隆二十九年分至三十四年分部捐監生銀數單〉，無年月。

以致百計周章，輾轉賠累。[57]

乾隆皇帝認為，若在甘肅米糧已不敷食用的情況下輕開捐例，會使「市中糧食不能充足，價值亦必加昂」，遂否決此「耗穀之舉」。[58]不過，尹嘉銓的奏疏也提醒乾隆皇帝，捐監在常年被災的甘肅已經成為經濟活動的一環，外省商賈至甘肅流通「日用所需衣物器用」後，販售所得銀兩便可在當地採買糧食捐監；停捐以後，「商賈卻步不前」，使「甘省物價日昂，新疆之需用亦絀」。[59]因此，當乾隆三十九年勒爾謹奏報甘肅近年來「歲慶屢豐」，懇請復開甘肅捐例時，便為皇帝同意。[60]

究其原因，除了期待活絡甘肅的經濟活動外，也與乾隆三十七年（1772）烏魯木齊、巴里坤等地，以及甘肅西陲安西州、肅州的開捐的成效相關。是年，陝甘總督文綬（？-1784）為籌措軍隊糧餉，奏報新疆「沃壤延袤貳萬餘里，屯政日興」，若開放外省商賈於本地買糧納監，便可建立常平倉儲，又可趁此機會「添設官

---

57 中國第一歷史檔案館技術部攝製，《宮中硃批奏摺·財政類》，檔號：04-01-35-0622-025，〈甘肅布政使尹嘉銓·奏陳甘省積歉情形請仍復捐監舊例摺〉，乾隆三十六年五月十八日。

58 中國第一歷史檔案館編，《乾隆朝上諭檔》，冊6，頁680，乾隆三十六年六月十二日，奉上諭。

59 中國第一歷史檔案館技術部攝製，《宮中硃批奏摺·財政類》，檔號：04-01-35-0622-025，〈甘肅布政使尹嘉銓·奏陳甘省積歉情形請仍復捐監舊例摺〉，乾隆三十六年五月十八日。

60 《清代宮中檔奏摺及軍機處檔摺件資料庫》，文獻編號：403028426，〈陝甘總督勒爾謹·奏為請復甘省捐監舊例以裕倉儲以濟民生事〉，乾隆三十九年二月十六日。

兵，廣招戶民前往開墾」，有利於新疆的開發，而鄰近的甘肅安西州、肅州「屯廣歲豐，亦宜積穀充盈，以便隨時撥運」；[61]再加上文綬議擬要求商賈花押甘結、立即發給〈實收〉、本管道府不時稽查等防弊措施，終為皇帝所允准。[62]此次開捐確有成效，使「各省商民紛紛雲集」，[63]乾隆三十八年（1773）便收捐監生11,300名，監糧共483,972石。[64]因此，當勒爾謹奏報戶部每年撥補的採買帑金不足，無法如數籌補甘肅倉儲缺額時，朝廷允准甘肅開捐，除了有平糶穀價的考量，更期待安西州、肅州以西充裕的糧食供給，挹注甘肅倉儲所需。

為了避免捐監弊端，戶部要求甘肅各州縣每月皆須將收糧數目造冊分送道、府核實稽查，並由道、府撰寫結報送藩司、督撫存查。[65]為能妥善辦理捐監，乾隆皇帝亦將「謹厚有餘而整飭不足」的現任甘肅布政使尹嘉銓「改擢京職」，以「能事之藩司」

---

61 《清代宮中檔奏摺及軍機處檔摺件資料庫》，文獻編號：016394，〈東閣大學士劉統勛‧奏為遵旨議奏新疆收捐監糧一案緣由〉，乾隆三十七年三月二十日。

62 中國第一歷史檔案館技術部攝製，《宮中硃批奏摺‧財政類》，檔號：04-01-35-0622-027，〈陝甘總督文綬‧奏報酌定新疆收捐監糧嚴查諸弊摺〉，乾隆三十七年五月十三日。

63 中國第一歷史檔案館技術部攝製，《宮中硃批奏摺‧財政類》，檔號：04-01-35-0622-037，〈陝甘總督勒爾謹‧奏報遵旨查詢甘肅捐監情形摺〉，乾隆三十九年十二月十五日。

64 《清代宮中檔奏摺及軍機處檔摺件資料庫》，文獻編號：403028529，〈陝甘總督勒爾謹‧奏報肅州安西二屬收捐監糧確數至哈密等三處候查明後再報〉，乾隆三十九年三月二十八日。

65 清‧慶桂等修，《清實錄‧高宗純皇帝實錄》，卷955，頁945a，乾隆三十九年三月二十五日戊寅。

王亶望（？-1781）接任，期待借重他「實力經理」甘肅的經驗，[66]
與總督勒爾謹一同辦理捐監事宜。

第二節　官員的私收

　　乾隆三十九年十一月，王亶望甫抵甘肅，即上奏說明甘肅歷
年積弊與當時捐監的情況：

> 查甘省收捐各州縣或圖便於收捐，那〔挪〕為別用，或瞻
> 徇親友情面，混將貨物作抵，希冀糧價平賤，買補歸倉，
> 遂致私收折色，虛出〈實收〉。及上司嚴查，又借平糶出
> 借等項，巧為掩飾彌縫種種弊端，實難保其必無。……至
> 現在收捐之安西州、肅州及口外各屬扣至九月底止檢查冊
> 檔，共收捐監生一萬九千一十七名，共收各色糧八十二萬
> 七千五百八十六石，除動用二十萬六千四百二十八石零。[67]

此時共計有621,157石監糧實存於倉，王亶望特別強調，為避免各
州縣「影射常平倉儲以為監糧，或假借新收之糧以充舊數」，將

66　中國第一歷史檔案館編，《乾隆朝上諭檔》，冊7，頁578，乾隆三十九年四月十
　　八日，大學士等字寄陝甘總督。

67　《清代宮中檔奏摺及軍機處檔摺件資料庫》，文獻編號：403030442，〈甘肅布
　　政使王亶望‧奏為敬陳辦理甘省捐監事宜仰祈睿鑒事〉，乾隆三十九年十月二十
　　七日。

派員前往各處盤查常平倉儲糧、清點〈實收〉，核對糧食與已填〈實收〉數量相符，「徹底盤量結報」，「以期諸弊肅清」。[68]

　　對於王亶望的奏報，乾隆皇帝表面上加以勉勵，[69]私下卻認為「情理多有不可解處」，並質疑「甘肅人民艱窘者多」，且米糧本已不敷「本地人民食用」，當無兩萬人捐監，亦無餘糧可供人採買，乃要求陝甘總督勒爾謹詳細查核。[70]據勒爾謹覆奏，王亶望「未將開捐之年月敘明」，才造成乾隆皇帝的誤會，此二萬名監生「實係兩年所捐之總數」；同時，也說明自乾隆三十七年開新疆捐例以來，安西州、肅州近年「收成豐稔」，「糧價稱平」，外省商賈遂「以賣貨之銀，就近買糧捐監」。[71]雖然安西州、肅州收捐2萬名監生，較乾隆二十八年（1763）收捐監生2,594名多，[72]此時全國僅新疆、肅州等地與戶部開捐，兩年收捐

68　《清代宮中檔奏摺及軍機處檔摺件資料庫》，文獻編號：403030442，〈甘肅布政使王亶望‧奏為敬陳辦理甘省捐監事宜仰祈睿鑒事〉，乾隆三十九年十月二十七日。

69　乾隆皇帝硃批：「好，實力為之，勿始勤終怠可也。」參見《清代宮中檔奏摺及軍機處檔摺件資料庫》，文獻編號：403030442，〈甘肅布政使王亶望‧奏為敬陳辦理甘省捐監事宜仰祈睿鑒事〉，乾隆三十九年十月二十七日，「硃批」。

70　中國第一歷史檔案館編，《乾隆朝上諭檔》，冊7，頁745-746，乾隆三十九年十一月十九日，大學士字寄陝甘總督。

71　中國第一歷史檔案館技術部攝製，《宮中硃批奏摺‧財政類》，檔號：04-01-35-0622-037，〈陝甘總督勒爾謹‧奏報遵旨查詢甘肅捐監情形摺〉，乾隆三十九年十二月十五日。

72　《內閣大庫檔案資料庫》，登錄號：203257-001，〈戶部‧移會稽察房大學士管陝甘總督楊應琚奏所有乾隆二十九年甘省安西肅州等屬減收監糧有效緣由恭摺奏聞〉，乾隆三十年三月。

82萬石糧食應尚在合理範圍之內，[73]因此乾隆皇帝未予深究。[74]其實，此時以肅州知州蔣全迪（？-1781）為首的安西州、肅州官員，即以每名55兩的金額折收監糧，兩年間共收捐17,218名監生。[75]

乾隆三十九年十月，甘肅捐監事例正式施行，仍按戶部捐監收銀108兩的捐額，與甘肅當時平均穀價進行換算，並於糧價稍賤之處酌量多收，讓各州縣收捐糧食「均平畫一」，使商賈「隨地踴躍報捐，不致避多就少」。[76]勒爾謹酌定的捐納條款現已亡佚，僅能以乾隆四十年（1775）「照甘省議定條款」辦理的〈陝西捐例〉為例，[77]說明報捐監生流程的概況。[78]在報捐之始，各州

---

73 據統計，乾隆28-30年，甘肅收捐糧食額數分別為1,005,500餘石、430,300餘石、565,600餘石，參見《清代宮中檔奏摺及軍機處檔摺件資料庫》，文獻編號：011841，〈乾隆二十八年至三十四年甘肅節年收捐採買糧數銀數單〉，無年月。

74 中國第一歷史檔案館技術部攝製，《宮中硃批奏摺·財政類》，檔號：04-01-35-0622-037，〈陝甘總督勒爾謹·奏報遵旨查詢甘肅捐監情形摺〉，乾隆三十九年十二月十五日，「硃批」。

75 據李侍堯奏報，自乾隆三十七年冬季起至乾隆三十九年秋季止，安西州、肅州官員蔣全迪、陳常、康基淵、陳金宣、陳起撝、張建庵、田志蒼、陳汝聰、易龍圖、崔希騆，共捐過監生17,218名。《清代宮中檔奏摺及軍機處檔摺件資料庫》，文獻編號：403042273，〈陝甘總督李侍堯·奏報所有安西肅州二屬乾隆三十九年秋季以前收捐監生續行查辦緣由〉，乾隆四十七年八月十四日。

76 以108兩收捐者，有鞏昌府、寧夏府、直隸秦州；以100兩收捐者，有慶陽府、直隸肅州、直隸階州、西固城與西寧府轄下歸德府丞、巴燕戎格廳、蘭州府轄下循化廳、渭源縣；以90兩收捐者為涼州府轄下崇信縣、華亭縣、鎮原縣、靈臺縣、莊浪縣；以83兩收捐者為平涼府；以80兩收捐者，有蘭州府、甘州府、涼州府、西寧府。參見《清代宮中檔奏摺及軍機處檔摺件資料庫》，文獻編號：403029874，〈陝甘總督勒爾謹·奏為查議覆奏甘肅省口內各州縣收捐監糧事請俱照二十五年成案辦理其餘各條照戶部前議加意查辦〉，乾隆三十九年九月十三日。

77 中國第一歷史檔案館技術部攝製，《宮中硃批奏摺·財政類》，檔號：04-01-35-0622-036，〈陝甘總督勒爾謹等·奏陳參照甘省議定條款酌擬陝省捐監章程摺〉，乾隆三十九年十二月四日。

78 由於乾隆三十七年起陸續議開的〈新疆捐例〉、〈甘肅捐例〉、〈陝西捐例〉皆

縣先公告納捐資訊，包括：一、捐穀數目並米麥抵穀數目。二、倉費、公費銀數。[79]三、酌定收呈、收糧、給收日期。[80]報捐者即按州縣衙門牌告，寫明載有「本身年貌、籍貫，以及三代存故」的〈親供〉（親筆書寫的履歷單），親自呈送收捐衙門，經查核符合捐例後，即可於收倉之日納糧。[81]

到收糧之期，由報捐者以本色交倉。乾隆初年，兩江、雲南奏定捐例時，規定交倉時需由官府給予〈倉收〉，以確認繳納內

援引乾隆初年全國開捐之常平倉舊例，且捐納事例係屬國家公文書體系，有一定的行政流程與刊發呈式，或因各地實情略有差異，然大體而言仍有相對一致的面貌，故以下捐監流程將逕自援引乾隆初年各省常平捐例，以重建〈陝西捐例〉未詳及之處。

[79] 例如：甘肅省每名監生需交公費銀四兩，「以二兩解部，以二兩做上下衙門書吏公費」，倉費銀則在每穀一石收銀八分之數，參見中國第一歷史檔案館編，《乾隆朝懲辦貪污檔案選編》（北京：中華書局，1994），冊2，頁1222，〈欽差大學士阿桂等奏報查審王亶望任內折收冒賑各情弊摺〉，乾隆四十六年六月二十七日

[80] 例如：雲南省即「每月以參、陸、玖日，懸示收倉」。福建布政使司則於「三八堂期」受理，逢三結尾之日投呈者，則於逢八結尾之日上兌；逢八結尾之日投呈者，則於逢三結尾之日上兌。雲南省參見《內閣大庫檔案資料庫》，登錄號：012073-001，〈雲南總督慶復‧揭為遵旨詳議捐納積貯事宜穀價直接貴賤酌定納穀淮監宜收捐各官嚴禁索詐包攬生俊捐納司給實收應照滇省墾田事例刊用捐監例應持收赴部換照等八條〉，乾隆三年十二月。福建省參見臺灣銀行經濟研究室編，《福建省例》（據清同治間刻本排印，收入《臺灣文獻叢刊》，第199種，冊7，臺北：臺灣銀行經濟研究室，1964），〈捐輸例‧籌辦收捐上兌請獎章程〉，頁1053-1055。

[81] 《內閣大庫檔案資料庫》，登錄號：012073-001，〈雲南總督慶復‧揭為遵旨詳議捐納積貯事宜穀價直接貴賤酌定納穀淮監宜收捐各官嚴禁索詐包攬生俊捐納司給實收應照滇省墾田事例刊用捐監例應持收赴部換照等八條〉，乾隆三年十二月。道光年間的《福建省例》也有相關記載：「一、報捐各生，應遵遵用刊發呈式，開明籍貫、年貌、履歷、三代並捐輸或銀、或錢若干數目、以及請捐何項官職、或願登仕版、願得職銜，逐一敘明。」參見臺灣銀行經濟研究室編，《福建省例》，〈捐輸例‧籌辦收捐上兌請獎章程〉，頁1053-1055。

容，可於日後至布政使司以〈倉收〉換取〈實收〉。[82]雖〈陝西捐例〉中未載，然此時交倉後亦應發給〈倉收〉，方能於日後發換發〈實收〉。為避免不肖官員私收折色，〈陝西捐例〉另規定在交納「糧色數目」時，需由報捐者「出具花押甘結」，留州縣存案。[83]

在給收之日，由州縣經收之員將布政使司核章印發的二聯正、副〈實收〉填入報捐者捐納內容，分別交由報捐者收執、州縣存案。《軍機處錄副》存有一張由羅大聲（生卒年不詳）偽造的甘肅蘭州府皋蘭縣〈實收〉（參見「附錄2」），可與〈兩江捐例〉〈倉收〉規範對照，布政使司刊印、給發〈實收〉時，會於騎縫處編號、鈐印，酌量發給各州縣；州縣收到〈實收〉後，需依序填寫，並於收穀數目及年、月上蓋用州縣印信。[84]皋蘭知縣程棟（？-1781）指出，布政使司發給〈實收〉後，須由本管知府出具印結，

---

[82] 中國第一歷史檔案館技術部攝製，《宮中硃批奏摺‧財政類》，檔號：04-01-35-1107-033，〈兩江總督那蘇圖‧奏議變通捐監之例事宜摺〉，乾隆三年五月十一日；《內閣大庫檔案資料庫》，登錄號：012073-001，〈雲南總督慶復‧揭為遵旨詳議捐納積貯事宜穀價宜直接貴賤酌定納穀准監宜收應各官嚴禁索詐包攬生俊捐納司給實收應照滇省墾田事例刊用捐監例應於收赴部換照等八條〉，乾隆三年十二月。

[83] 中國第一歷史檔案館技術部攝製，《宮中硃批奏摺‧財政類》，檔號：04-01-35-0622-036，〈陝甘總督勒爾謹等‧奏陳參照甘省議定條款酌擬陝省捐監章程摺〉，乾隆三十九年十二月四日。

[84] 據此檢視由羅大聲偽造之〈實收〉，可見左、右騎縫處皆有「皋字第參萬陸千柒百陸拾肆號」的字樣，且蓋有甘肅布政使司之印；於納捐糧色數目「京斗粟米四十二石」、日期「乾隆肆拾陸年六月二十九日」上，則蓋有皋蘭縣之印信。與〈兩江捐例〉的〈倉收〉規範符合。中國第一歷史檔案館技術部攝製，《宮中硃批奏摺‧財政類》，檔號：04-01-35-1107-033，〈兩江總督那蘇圖‧奏議變通捐監之例事宜摺〉，乾隆三年五月十一日。

確認領取數量，方交由各州縣領回。[85]此外，各州縣也會在發給
〈倉收〉後，行文知會報捐者戶籍所在州縣，《軍機處錄副》另
存有一張同樣由羅大聲偽造的〈關文〉（參見「附錄3」），係由甘肅
蘭州府皋蘭縣行文向雲南省廣西州告知該州俊秀向皋蘭縣納捐監
生，「祈行文移知原籍註冊、施行」。[86]報捐者取得〈實收〉後，
還需至戶部換照，方完成捐監流程；羅大聲偽造的〈關文〉中，
即有「填發〈實收〉，以便赴部換照」之語。[87]戶部在取得報捐者
上繳的〈實收〉，查對布政使司所送繳之清冊相符後，則可「行
文禮部、國子監註冊」，並換給戶部執照，是為〈監照〉。[88]

　　另一方面，為避免孳生弊端，州縣發給〈實收〉時，必須
將當日報捐者姓名，納捐糧數、色樣，載明日期，通報本管道、
府、州；每月底造冊具報「連前一共捐監生若干名、收貯某廠糧

[85] 中國第一歷史檔案館編，《乾隆朝懲辦貪污檔案選編》，冊2，頁1271，〈軍機
大臣奏呈刑赫王廷贊程棟所錄供詞附件：王廷贊程棟供詞片〉，乾隆四十六年七
月十三日。

[86] 中國第一歷史檔案館技術部攝製，《軍機處錄副奏摺‧乾隆朝》（北京：中國第
一歷史檔案館，1986），V.1:46（ROLL 6563），檔號：03-0637-053，〈奏呈羅大
聲偽造實收關文〉，乾隆四十六年七月初三日。此例〈陝西捐例〉未載，但可據
〈福建省例〉中規範報捐者「具呈上庫後」，納捐州縣需「行知籍縣取結」，以
確認報捐者身分，避免重複納捐的規範與羅大聲偽造的〈關文〉對照，說明甘肅
省理應與福建省相同，於發給〈實收〉後有行文報捐者原籍「取結」的相關規
範，參見臺灣銀行經濟研究室編，《福建省例》，〈捐輸例‧籌辦收捐上兌請獎
章程〉，頁1053-1055。

[87] 中國第一歷史檔案館技術部攝製，《軍機處錄副奏摺‧乾隆朝》，V.1:46（ROLL
6563），檔號：03-0637-053，〈奏呈羅大聲偽造實收關文〉，乾隆四十六年七月
初三日。

[88] 《內閣大庫檔案資料庫》，登錄號：023291-001，〈戶部尚書海望‧奏報廣西墾
田捐納監生實收鈐蓋印信不符請敕巡撫審擬〉，乾隆三年七月九日。

若干石」；每年底則需通行盤查該年收捐糧數、色樣，並「造冊具結，彙摺奏報」。[89]從乾隆初年的〈雲南捐例〉，可略知內容：州縣官員需每季「開具親供，造具清冊三本、出具實貯印結三張，由道府加結，分報藩司、糧道覆核」；布政使司在收到清冊後，須按府、廳、州、縣的順序，按月、日「照造清冊」，同〈實收〉一併交至戶部查核，以利報捐者換領〈監照〉。[90]〈甘肅捐例〉即透過增加州縣上交清冊的次數防弊，由布政使「責成本管道、府、州隨時往查」，若遇有清冊數目與實貯數目不符之處，即可隨時題參。[91]在報捐的過程中，須經由道府州縣衙門層層查核，定期具結上報；〈甘肅捐例〉（乾隆三十九年甘肅捐監流程圖，參見「附錄4」）為求防弊，更要求報捐者於納糧時具結，聲明繳納本色。雖然辦法已臻完善，但對於熟悉行政體系運作的官僚

---

[89] 中國第一歷史檔案館技術部攝製，《宮中硃批奏摺・財政類》，檔號：04-01-35-0622-036，〈陝甘總督勒爾謹等・奏陳參照甘省議定條款酌擬陝省捐監章程摺〉，乾隆三十九年十二月四日。此處的「造冊具結」，當屬〈新疆捐例〉中由「本管道、府、州加結」之意，參見中國第一歷史檔案館技術部攝製，《宮中硃批奏摺・財政類》，檔號：04-01-35-0622-027，〈陝甘總督文綬・奏報酌定新疆收捐監糧嚴查諸弊摺〉，乾隆三十七年五月十三日。

[90] 《內閣大庫檔案資料庫》，登錄號：012073-001，〈雲南總督慶復・揭為遵旨詳議捐納積貯事宜穀價宜接貴賤酌定納穀准監收捐各官嚴禁索詐包攬生俊捐納司給實收應照滇省墾田事例刊用捐監例應持收赴部換照等八條〉，乾隆三年十二月。道光年間的《福建省例》也有相關記載：「一、報捐各生，應令遵用刊發呈式，開明籍貫、年貌、履歷、三代並捐輸或銀、或錢若干數目、以及請捐何項官職、或願登仕版、願得職銜，逐一敘明。」參見臺灣銀行經濟研究室編，《福建省例》，〈捐輸例・籌辦收捐上兌請獎章程〉，頁1053-1055。

[91] 中國第一歷史檔案館技術部攝製，《宮中硃批奏摺・財政類》，檔號：04-01-35-0622-036，〈陝甘總督勒爾謹等・奏陳參照甘省議定條款酌擬陝省捐監章程摺〉，乾隆三十九年十二月四日。

而言，仍有上下其手的空間。

　　王亶望、蔣全迪的關係，是促成本案的重要關鍵。早在乾隆二十八年，王亶望守寧夏府，蔣全迪任寧夏府屬平羅知縣，二人便曾共事，加上乾隆年間漸次形成外官久任的慣例，[92]造成二人都在甘肅任官十餘年，熟悉行政運作的大小事宜。因此，王亶望抵達甘肅以後，面對報捐人數甚少，乃與蔣全迪商議對策。二人考量甘肅地瘠民貧、買穀甚難，為避免「人憚於報捐」，[93]決意令「各州縣俱收折色」。[94]其後，王亶望也稟知總督勒爾謹，請將蔣全迪奏調首府蘭州，承辦捐監事務，[95]旋由吏部議准。首府、首縣與督撫、藩臬同處一城，對「一省之利弊、人才無不了了，督撫、司道皆倚任之，言聽計從」，[96]「緊要事必與首府、首縣商通辦理」，[97]是以首府、首縣雖與府縣官員同級，但在地

---

[92] 乾隆年間訂立「三年准調，五年准升」的規範，延長邊區州縣官員任期，以求妥善治理，參見張振國，〈從優升到久任：清代邊疆缺之演變──以雲貴二省文官歷俸為中心的探討〉，《中國邊疆史地研究》，29：2（北京，2019.6），頁154-166。

[93] 中國第一歷史檔案館編，《乾隆朝懲辦貪污檔案選編》，冊2，頁1428，〈軍機大臣奏呈遵旨訊問蔣全迪供詞清單〉，乾隆四十六年八月十八日。

[94] 中國第一歷史檔案館編，《乾隆朝懲辦貪污檔案選編》，冊2，頁1342，〈軍機大臣奏呈訊問王亶望供詞片附件一：王亶望供詞〉，乾隆四十六年七月二十九日。

[95] 中國第一歷史檔案館編，《乾隆朝懲辦貪污檔案選編》，冊2，頁1222，〈欽差大學士阿桂等奏報查審王亶望任內折收冒賑各情弊摺〉，乾隆四十六年六月二十七日；中國第一歷史檔案館技術部攝製，《軍機處錄副奏摺‧乾隆朝》，V.1:11（ROLL 6528），檔號：03-0145-033，〈陝甘總督勒爾謹‧奏請將蔣全迪補授蘭州守事〉，乾隆四十年四月二十六日。

[96] 清‧歐陽兆熊、金安清撰，謝興堯點校，《水窗春囈》（北京：中華書局，1984），卷下，〈首府首縣〉，頁79。

[97] 清‧徐棟輯，《牧令書》（據道光二十八年〔1848〕刊本影印，收入《官箴書集成》，冊7，合肥：黃山書社，1997），卷23，〈憲綱‧飭吏八則謝振定〉，頁39。

方行政慣例中具有較高的地位，扮演溝通府縣官員與省級大員的角色。[98]王、蔣二人利用布政使稽核道府州縣行政文書的職權，「公然授意各州縣私收折色」，「藉圖侵蝕」，在捐監制度中謀一己之私；[99]也無視依「應捐數目多寡」，酌量發給〈實收〉的規範，[100]「預先派定」各州縣〈實收〉數量。[101]按照清朝成例，上官「事無輕重，必由道府轉申」，[102]但在甘肅「一切文冊皆由司核定，飭發州縣」，[103]實與常規不符。

王亶望、蔣全迪得以越過其他知府指示州縣，與「坐省長隨」的行政慣習有關。清朝州縣官員常派人在省城探聽消息，被稱作坐省家人、坐省長隨、坐省書吏、省友等，[104]是州縣官員探

---

[98] 清季時人筆記指出，新選與分發到省的州縣官，均需先行謁見首府、首縣，「察其才具，以告於上，或留省學習，或入發審司讞，皆以首府、縣之言為斷」，「此為一省之紀綱」。參見清·歐陽兆熊、金安清撰，謝興堯點校，《水窗春囈》，卷下，〈首府首縣〉，頁79。

[99] 國第一歷史檔案館編，《乾隆朝懲辦貪污檔案選編》，冊2，頁1346，〈刑部等奏請將捏災冒賑蝕監糧案內勒爾謹等即行正法摺〉，乾隆四十六年七月三十日。

[100] 中國第一歷史檔案館技術部攝製，《宮中硃批奏摺·財政類》，檔號：04-01-35-1107-033，〈兩江總督那蘇圖·奏議變通捐監之例事宜摺〉，乾隆三年五月十一日。

[101] 國第一歷史檔案館編，《乾隆朝懲辦貪污檔案選編》，冊2，頁1346-1347，〈刑部等奏請將捏災冒賑蝕監糧案內勒爾謹等即行正法摺〉，乾隆四十六年七月三十日。

[102] 清·徐棟輯，《牧令書》，卷23，〈憲綱·飭吏八則謝振定〉，頁39。

[103] 中國第一歷史檔案館編，《乾隆朝懲辦貪污檔案選編》，冊2，頁1467-1468，〈閩浙總督陳輝祖奏覆審擬前甘肅道府陳之銓潘時選情形摺〉，乾隆四十六年八月二十四日。

[104] 坐省長隨屢為皇帝禁止，但實際上難以禁絕；至清朝後期，坐省長隨已經形成一個專業化的集團，有著家族經營的運作模式。相關討論參見江曉成，〈清代的坐省家人〉，《中國史研究》，2018：3（北京，2018.8），頁163-178；裴丹青，〈清代「省友」初探〉，《近代史研究所集刊》，88（臺北，2015.6），頁55-94。

聽長官「言語、喜怒、陞遷、降調」等消息的重要管道。[105]王亶望要求各州縣設立坐省長隨，遇有需索即派人通知，以便送信給各州縣；[106]各州縣的餽送，也由坐省長隨轉呈。例如：金縣知縣邱大英（？-1781）、西寧知縣詹耀璘（？-1781）將餽送王亶望的銀兩以竹簍、酒罈盛裝，交由坐省長隨送進，以掩人耳目。[107]此即王亶望利用私屬關係，破壞原先應由「布政使－府－州縣」的流程，避免在文移往來中留下侵漁的痕跡。

在王亶望、蔣全迪二人的主持之下，州縣官多畏於權勢，不得不聽命行事，作為首縣的皋蘭知縣程棟，自然無法置身事外。程棟在皋蘭縣近兩年，共折色捐監4,800名，扣除所抵糧價及公倉費銀後，每名尚餘銀3-5兩不等；留作災賑用的折色銀，也因甘肅省買糧不易，而「以銀代糧，每一石糧折給銀一兩」，相較於時價，每石約短發1-2錢。程棟貪污所得共計約100,000兩，[108]其中絕大部分都用以供應王、蔣二人的肆意需索。皋蘭縣所捐監

---

[105] 清·徐棟輯，《牧令書》，卷23，〈憲綱·飭吏八則謝振定〉，頁39。清季知府延昌（生卒年不詳）便在提醒自己任官訣竅的《知府須知》中，指出「坐省師爺此節萬不可少」，既可協助辦理「所有省城年節賀稟信件」，又可與之互通聲氣，藉以討好、孝敬上官，參見清·延昌，《知府須知》（清鈔本，收入楊一凡、劉篤才編，《中國古代地方法律文獻·丙編》，冊15，北京：社會科學文獻出版社，2012），卷3，〈坐省師爺〉，總頁165。

[106] 中國第一歷史檔案館編，《乾隆朝懲辦貪污檔案選編》，冊2，頁1343，〈軍機大臣奏呈訊問王亶望供詞片附件一：王亶望供詞〉，乾隆四十六年七月二十九日。

[107] 中國第一歷史檔案館編，《乾隆朝懲辦貪污檔案選編》，冊2，頁1299，〈欽差大學士阿桂等奏報查訊邱大英等餽送王亶望銀兩情形摺〉，乾隆四十六年七月二十二日。

[108] 中國第一歷史檔案館編，《乾隆朝懲辦貪污檔案選編》，冊2，頁1266，〈軍機大臣奏呈王廷贊程棟供詞附件：王廷贊程棟供詞〉，乾隆四十六年七月十二日。

生4,800名內,則泰半提供王、蔣二人親戚、幕友免費報捐。[109]由於州縣領取〈實收〉仰賴布政使司給發,又須由知府出具印結,雖王、蔣署中親友、幕賓捐監「未曾發還穀價」,但為避免日後再領〈實收〉時被刁難,程棟遂「任憑他們填捐」,再自行由折色銀中墊補。乾隆四十一年(1776)正月,程棟以8,000餘兩捐納員外郎離任,身上僅餘銀15,000兩,[110]可見程棟供應王、蔣二人數目極為可觀。

實際上,程棟並非特例,甘肅案涉案州縣官員在抄家後皆家無餘財,可知下級官員的貪污所得,多用以支應官場需用。例如:皋蘭知縣鄭陳善(?-1781)、禮縣知縣楊德言(?-1781)皆貪污近50,000兩,[111]又分別餽送蘭州知府楊士璣多達5,000兩,[112]是以

---

[109] 據王亶望幕友溫世珍指出,王亶望常開列「親友名單、履歷,交與首府、首縣捐監」,可知所謂的「親友名單」實係私下屬託協助購買〈實收〉之人。參見《內閣大庫檔案資料庫》,登錄號:172068-001,〈刑部‧移會稽查房閩浙總督監管浙江巡撫陳輝祖查查溫世珍身係進士又為幕友相從王亶望歷任多年豈不知折捐有違定例乃既不阻止甚且敢於包攬託捐從中漁利請將其革職從重究擬〉,乾隆四十六年十月。

[110] 中國第一歷史檔案館編,《乾隆朝懲辦貪污檔案選編》,冊2,頁1271-1272,〈軍機大臣奏呈刑赫王廷贊程棟所錄供詞附件:王廷贊程棟供詞片〉,乾隆四十六年七月十三日。關於程棟的離任時間,參見《清代宮中檔奏摺及軍機處檔摺件資料庫》,文獻編號:403049068,〈河南巡撫富勒渾‧奏為遵旨嚴查甘省捐監私收折色捏災冒賑之前任皋蘭縣知縣程棟在河南原籍家產事〉,乾隆四十六年八月十七日。

[111] 楊德言侵冒銀59,100餘兩,開銷添建倉廠銀4,197兩;鄭陳善侵冒銀48,500餘兩,參見中國第一歷史檔案館編,《乾隆朝懲辦貪污檔案選編》,冊2,頁1577,〈軍機大臣奏呈程棟等犯侵冒銀數清單及冒銷添建倉廠各犯之子應否發往伊犁片附件一:程棟等二十犯侵冒銀數清單〉,乾隆四十六年九月十五日。

[112] 中國第一歷史檔案館編,《乾隆朝懲辦貪污檔案選編》,冊2,頁1260,〈寄諭阿桂等著嚴密查抄楊士璣任所及原籍資財毋令隱匿寄頓〉,乾隆四十六年七月十二日。

鄭陳善即由勒爾謹奏請陞署狄道州知州，遺缺則由楊德言調補。
值得注意的是，皋蘭縣「為省會首邑，政務殷繁」，「係衝、
繁、疲、難四項相兼要缺」，楊德言年方二十七歲，由監生捐納
初任知縣且尚未實授，與調補之例不合，卻在勒爾謹的保薦之
下，專摺奏請任為首縣。[113]說明惟有討好上司，方是順利升遷的
必要條件。

　　參與甘肅案的州縣官員多自陳「心中害怕」，當與布政使在
地方的權力有關。作為一省的民政長官，布政使在事務上與下屬
官員有直接的往來，對屬員的掌握遠較督撫為甚，因此督撫對屬
員升降的題請，皆根據於布政使的奏報，並簽署「覆查無異」，
便逕行具題請旨。[114]其中，甘肅又因地處偏遠，全省40.3%的州
縣官員，督撫皆有權調補，在全國排名第三。[115]是以對州縣官員

---

[113] 《清代宮中檔奏摺及軍機處檔摺件資料庫》，文獻編號：403038300，〈陝甘總督勒爾謹．奏請以禮縣知縣楊德言調補皋蘭縣知縣員缺〉，乾隆四十四年四月十八日。清朝將州縣官缺按事務繁簡以衝、繁、疲、難四個標準進行分類，其中四字兼有者稱「最要缺」，兼有三字者為「要缺」，二字者為「中缺」，一字者為「簡缺」，無字者為「無字簡缺」，參見劉錚雲，〈「衝、繁、疲、難」：清代道、府、廳、州、縣等級初探〉，《中央研究院歷史語言研究所集刊》，64：1（臺北，1993.3），頁175-204。

[114] 陳連域，〈盛清時期的布政使研究〉（臺北：國立政治大學歷史學系碩士論文，2006.6），頁160-165。

[115] 在所有缺份中，「中缺」、「簡缺」、「無字簡缺」由吏部掣籤挑補，而「最要缺」、「要缺」則由地方督撫題請調補，以求「人地相宜」，達成便於統治的目的。督撫調補權排名第一為江蘇省，佔45.1%，第二為貴州省，佔42.4%。江蘇、甘肅二省的「最要缺」額數分別佔全國最要缺的15.5%與10.4%，而貴州則因位處苗疆，有16個「無字要缺」，此三省或政務殷繁、或位處邊陲，督撫對屬員的調補權居各省之冠，參見劉錚雲，〈「衝、繁、疲、難」：清代道、府、廳、州、縣等級初探〉，頁175-204。掣籤定缺為吏部銓選之法，參見艾永明，《清朝文官制度》（北京：商務印書館，2003），頁88-89。

而言，督撫固然是一省之長，然與其考核切身相關的布政使，同樣也具有箝制的效用。

　　督撫、布政使掌握薦人、劾人之權，使甘肅州縣官員不敢妄動，無法拒絕來自上官的要求，遑論具摺舉發；即便不願與之同流合汙者，為求自保，也只能設法調任或稱病辭官。例如：乾隆四十年閏十月到任的寧州知州周廷元，即被「交領捐辦」〈實收〉300張，共折色收捐142名，他自陳「折色報捐，係屬違例之事」，「心中實在害怕」，隨即於隔年五月告病離任。[116]不過，也有勤於逢迎王、蔣二人者。乾隆四十一年，靖遠知縣出缺，河州州判麥桓（？-1781）囑託熟人在省城「轉求蘭州府蔣全迪鑽營王亶望，指缺求補」。王、蔣二人遂「各許銀四千兩，又議定本年辦災使費，司、府各四千兩」，作為補缺的代價；同年五月，麥桓隨即「奉文赴任」。麥桓上任不久，蔣全迪便預填〈實收〉600張，勒令麥桓「補印收捐」、「造入季報」，作為欠款的償還方式；麥桓也屢次自領〈實收〉，共私吞1,300張。[117]據王亶望幕友溫世珍指出，王亶望常開列「親友名單、履歷，交與首府、首縣捐監」，[118]實係私下屬託協助購買〈實收〉之人。

---

[116] 中國第一歷史檔案館編，《乾隆朝懲辦貪污檔案選編》，冊2，頁2008，〈軍機大臣奏陳詢問原任寧州知州周廷元辦捐實情及能否引見請旨遵行片〉，乾隆四十七年八月十一日。

[117] 中國第一歷史檔案館編，《乾隆朝懲辦貪污檔案選編》，冊2，頁1509-1510，〈兩廣總督巴延三等奏報訊取麥桓供詞並查抄其原籍資財摺〉，乾隆四十六年九月初四日。

[118] 《內閣大庫檔案資料庫》，登錄號：172068-001，〈刑部・移會稽查房閩浙總督監管浙江巡撫陳輝祖奏查溫世珍身係進士又為幕友相從王亶望歷任多年豈不知折

由於捐監流程繁瑣，自乾隆初年議開捐例以來，常有「包攬納捐」的情事。乾隆五年，大學士訥親（？-1749）便指出商人代為納捐的現況：「聞有陝甘商民在川貿易者代為包納，以致川省生俊舍近求遠，紛紛赴陝捐監。」[119]此事雖為皇帝嚴格禁止，但對於地方官員而言，辦理捐監的重點在於彌補藩庫需用，而非是否由本人納捐，因此包攬納捐之事仍屢見不鮮。監生具有法律特權與社會地位的優勢，[120]使稍有財力的平民莫不趨之若鶩，加上往返京師的交通費所費不貲，[121]造成包攬納捐頗為盛行，是以人們多尋求平時即需往返各地的商人，或專營此事者代為捐監，[122]而蔣全迪、麥桓、王亶望便是以此方式銷售〈實收〉。以蔣全迪允許麥桓以600張〈實收〉抵免16,000兩的借款為例，當時在甘肅折色收捐一名監生約55兩，而包攬代納者多收銀62-63兩左右，[123]每

捐有違定例乃既不阻止甚且敢於包攬托捐從中漁利請將其革職從重究擬），乾隆四十六年十月。

[119] 《內閣大庫檔案資料庫》，登錄號：024446-001，〈協理戶部事務訥親‧奏覆川省人民赴甘報捐事〉，乾隆五年十二月二十四日。

[120] 監生身分在地方上頗為人尊敬，《知府須知》記有：「本城舉、監、生員及告休家居之大、小官員，均謂之紳士，其中公正廉明者不乏人。我應格外加以禮貌，往往地方有事，非此等人調處不可。」參見清‧延昌，《知府須知》，卷4，〈公正紳士〉，總頁188-189。

[121] 宮崎市定指出，赴京參加會試、殿試的費用，約需白銀600兩，相當於現今環遊世界程度的大旅行，參見宮崎市定著，宋宇航譯，《科舉──中國的考試地獄》（杭州：浙江大學出版社，2019），頁128。

[122] 例如：陝西安康縣武生苟震即議定以每名150兩替同鄉六名士子代捐監生，參見《內閣大庫檔案資料庫》，登錄號：151149-001，〈刑部‧移會稽察房陝西巡撫〔巴延三〕奏江蘇沭陽縣民王念修即黃錫齡詐稱現任翰林院誆騙史班謀等代捐監生逐私雕假印偽造照得銀五百六十兩審實應依偽造諸衙門印信誆騙財物為數多者例擬斬監候〉，乾隆五十三年六月。

[123] 王亶望家人王錦便曾攬捐監生24名，每名收銀62-63兩不等，分為兩次在涇州、

張〈實收〉蔣全迪便可賺進35兩，[124]可見甘肅官員冒領〈實收〉的龐大利益。

　　整體而言，甘肅州縣官員對布政使公然授意私收折色的行為，或阿諛奉承，沆瀣一氣；或心生畏懼，設法離任。這樣的局面並未隨著王亶望、蔣全迪先後離開甘肅而有所改變。[125]繼任的布政使王廷贊（1722-1781）「踵行其弊，仍將監糧私收折色」，[126]並以「恐不免有私自分肥及短價勒買穀石之事」為由，統一酌定通省以55兩折色收捐，[127]要求各州縣將空白〈實收〉核印後，

皋蘭縣以每名55兩報捐，參見《內閣大庫檔案資料庫》，登錄號：172068-001，〈刑部·移會稽查房閩浙總督監管浙江巡撫陳輝祖奏查溫世珍身係進士又為幕友相從王亶望歷任多年豈不知折捐有違定例乃既不阻止甚且敢於包攬托捐從中漁利請將其革職從重究擬〉，乾隆四十六年十月。

[124] 蔣全迪以600張〈實收〉抵16,000兩欠款，一張〈實收〉約為27兩，而包攬納捐的行情每張62-63兩，以62-27=35兩計之。

[125] 王亶望於乾隆四十二年六月奉命陞任浙江巡撫，七月離開甘肅赴京陛見，參見《清代宮中檔奏摺及軍機處檔摺件資料庫》，文獻編號：403031835，〈新授浙江巡撫王亶望·奏謝命補授浙江巡撫職〉，乾隆四十二年六月二十一日；文獻編號：403032103，〈陝甘總督勒爾謹·奏聞籌辦舊存茶封事附件：奏報新授浙江撫臣王亶望自蘭州啟程赴京陛見片〉，乾隆四十二年七月二十一日。蔣全迪先是在乾隆四十二年三月陞任甘肅驛傳道，後於乾隆四十三年六月因病解任，參見《清代宮中檔奏摺及軍機處檔摺件資料庫》，文獻編號：403030911，〈陝甘總督勒爾謹·奏報開採新金砂日期附件：奏報蔣全迪補授甘肅驛傳道之摺片〉，乾隆四十二年三月九日；文獻編號：403035244，〈陝甘總督勒爾謹·奏為甘肅驛傳道蔣全迪患怔忡病詳請解任調理遺缺旨簡放事〉，乾隆四十三年六月十三日。

[126] 《內閣大庫檔案資料庫》，登錄號：162341-001，〈欽天監·移會稽察房奉上諭王廷贊接任甘肅藩司于王亶望通同屬員捏災冒賑一案始終捏混踵效尤著即行處絞仍將辦理原委通諭中外知之〉，乾隆四十六年九月。王廷贊在甘肅任職二十餘年，自佐貳官歷任州縣，更曾承辦軍需，同樣為勒爾謹慰留，即說明甘肅州縣官員在甘肅任職甚久，熟悉省內情形的情況，參見《清代宮中檔奏摺及軍機處檔摺件資料庫》，文獻編號：403029562，〈陝甘總督勒爾謹·奏為聖恩准留知州王廷贊蔣全迪等幹練人員仍留甘肅以資辦公事〉，乾隆三十九年八月十二日。

[127] 55兩係以乾隆44年的甘肅糧價約略計算而成，勒爾謹指出：「每年雖有貴賤不

「改歸首府」辦理，收捐所得銀兩則由首府分派各府採買。[128]王廷贊此舉等於直接取消各州縣辦理捐監的權力，使布政使更有效的掌控甘肅省的捐監。只是，自「〈實收〉改歸首府之後，諸弊從此而生」，繼任的蘭州知府楊士璣（?-1781）趁機任意調整各州縣實際的納捐狀況。先是，楊士璣將未填寫的〈實收〉私自填入清冊，捏報已捐，為避免清查時無糧可稽，遂於「是年賑案內，將虛糧撥銷」。其後，在分派各州縣監銀時，楊士璣也隨己意發給，如平番、狄道等八州縣核印的〈實收〉並未捐完，但楊士璣卻將「他縣所捐監銀借給使用」，任意騰挪監銀，造成安西、玉門等二十州縣「已捐之〈實收〉，竟屬虛懸無著」。數年下來，楊士璣挪借的監銀共高達107,049.58兩。[129]

面對由藩司、首府一手掌握的甘肅捐監事宜，負責稽核下屬的本管道府，則受制於布政使權力，「不能與藩司抗衡」；對其下屬州縣的作為，同樣難以置喙。各州縣仰恃藩司，多「視道府為不足輕重」，鞏昌知府潘時選指出，「州縣領得〈實收〉，即在省收捐折色，亦未買糧貯倉」，遇有災賑，則多「放銀抵糧，

同，大概俱相彷彿，若每年現定數目，又恐有高下其手之弊，所以不曾更改。」參見《清代宮中檔奏摺及軍機處檔摺件資料庫》，文獻編號：042194，〈本件是供單陝甘總督勒爾謹為折色包捐案之供辭〉，乾隆年間。

[128] 中國第一歷史檔案館編，《乾隆朝懲辦貪污檔案選編》，冊2，頁1205-1206，〈軍機大臣奏覆訊問王廷贊監糧還倉情形片〉，乾隆四十六年六月初九日。

[129] 中國第一歷史檔案館編，《乾隆朝懲辦貪污檔案選編》，冊2，頁1550-1551，〈陝甘總督李侍堯奏報續行查出甘肅首府監糧災賑案內填實收弊竇摺〉，乾隆四十六年九月初十日。

本管道府無從過問，通省已成積弊」；[130]鞏秦階道程國表認為，「凡捐監〈實收〉各州縣自向藩庫領取，即在省中填捐，道員無從查考」。[131]在此情形之下，大部分的道府官員縱使知情，由於無從越級上報，亦無法有積極的作為。

〈甘肅捐例〉原為防弊，要求州縣官員每日、每月、每年抄寄清冊，經布政使司核定後，定期上交戶部供報捐者換領〈監照〉，並隨時責成道府查核。然而，「一切文冊皆由司核定，飭發州縣」，捐監〈實收〉清冊亦由「州縣詳報藩司辦定」，「並不令道府預聞」。此外，王亶望等人也會定期向道府索取「應行盤查奏銷之印結」填用，以完善地方報捐程序。面對上司的索求，各道府僅能「依樣率轉」，[132]「其中冒銷多寡，道中不能指實」，[133]是以王亶望得以捏造每年的〈實收〉清冊，供戶部留存備案。由此可見，熟悉行政體系運作並掌握權力的地方大員，雖然沒有按照原先既定的流程辦理捐監，仍能在事後補足上報朝廷

---

[130] 中國第一歷史檔案館編，《乾隆朝懲辦貪污檔案選編》，冊2，頁1467-1468，〈閩浙總督陳輝祖奏覆審擬前甘肅道府陳之銓潘時選情形摺〉，乾隆四十六年八月二十四日。
[131] 中國第一歷史檔案館編，《乾隆朝懲辦貪污檔案選編》，冊2，頁1297，〈山西巡撫雅德奏覆飭詢原任鞏秦道程國表饋送王亶望銀兩情形摺〉，乾隆四十六年七月二十二日。
[132] 中國第一歷史檔案館編，《乾隆朝懲辦貪污檔案選編》，冊2，頁1467-1468，〈閩浙總督陳輝祖奏覆審擬前甘肅道府陳之銓潘時選情形摺〉，乾隆四十六年八月二十四日。
[133] 中國第一歷史檔案館編，《乾隆朝懲辦貪污檔案選編》，冊2，頁1297，〈山西巡撫雅德奏覆飭詢原任鞏秦道程國表饋送王亶望銀兩情形摺〉，乾隆四十六年七月二十二日。

需用的文件。

在省級長官的指示之下，甘肅全省的大小官員陸續辦理折色冒捐。根據軍機處統計，在甘肅案期間，於甘肅報捐者共計300,461人，與同時期戶部報捐63,755人相較，有五倍的差異。[134]與此同時，陝甘總督勒爾謹也奏報各屬舊有倉廒「不敷存貯」，[135]呈請添建倉廒。例如：禮縣知縣楊德言指出，該縣常平倉存糧有三分之一「借民房收貯」；[136]徽縣知縣劉坰（生卒年不詳）亦指出，該縣轄下江洛鎮「廣福寺廟內，現貯糧九千三百餘石」。[137]自開捐以來，甘肅全省共26次奏請添建倉廒，朝廷以為甘肅倉儲因捐監而頗有餘裕，卻未料到此些數字皆屬「紙上空文」。[138]為奏銷帳面上的存糧，甘肅官員遂透過甘肅常年辦理的賑濟制度，作為解決甘肅倉儲庫帑虧缺的手段。

---

[134] 中國第一歷史檔案館編，《乾隆朝懲辦貪污檔案選編》，冊2，頁2069，〈軍機大臣奏呈甘肅及戶部收捐監生等數目清單片附件一：甘省及戶部捐監比較清單〉，乾隆四十八年五月十三日。

[135] 勒爾謹據王亶望稱，安西縣請建倉廒80間、敦煌縣請建倉廒60間、玉門縣請建倉廒60間、奇臺通判請建倉廒20間、東吉爾瑪泰巡檢請建倉廒15間，參見中國第一歷史檔案館技術部攝製，《軍機處錄副奏摺·乾隆朝》，V.1:83（ROLL 6600），檔號：03-1130-016，〈陝甘總督勒爾謹·奏為請建甘省倉廒事〉，乾隆四十年三月二十二日。

[136] 禮縣存糧157,600餘石，其中有55,000餘石存於民房，因此請建倉廒60間，參見中國第一歷史檔案館技術部攝製，《軍機處錄副奏摺·乾隆朝》，V.1:83（ROLL 6600），檔號：03-1132-015，〈陝甘總督勒爾謹·奏為估需建倉工料銀兩事〉，乾隆四十二年三月初三日。

[137] 江洛鎮請建倉廒10間，參見中國第一歷史檔案館技術部攝製，《軍機處錄副奏摺·乾隆朝》，V.1:83（ROLL 6600），檔號：03-1132-017，〈陝甘總督勒爾謹·奏報添建倉廒工料銀數事〉，乾隆四十二年三月二十二日。

[138] 中國第一歷史檔案館編，《乾隆朝懲辦貪污檔案選編》，冊2，頁1366，〈欽差大學士阿桂等奏覆查辦甘省添建倉廒情形摺〉，乾隆四十六年八月初四日。

綜上所述，甘肅案涉及的面向甚廣，雖以王亶望為中心，仍須道府州縣官員的配合，方能在合乎制度的情況下獲取利益。前人研究多將此案歸因於官員貪污，然而，當全省大大小小官員皆參與其中時，便不能輕易推斷所有參與者都是受到貪心的驅使，背後當有更為複雜的原因。在官僚系統的運作上，由於上官具有調補、考核之權，縱使設有奏摺制度，一定層級以下的官員亦難以制衡上司，只能服膺指示。其次，由於捐納制度仰賴地方行政官僚層層檢核，並以省級民政長官布政使作為地方最後的查核者，當熟悉行政運作的省級長官越過道府直接指示州縣時，捐納制度即呈現由布政使隨己意解釋的面貌。再次，藩司又補取道府印結，以此填補冒捐行為中的漏洞，在文書齊備的情況下，反映國家制度極度仰賴人事從中解釋、運作，並非設立制度便可照章辦事，也說明皇權在制度面上有其極限，仍受制於行政官僚作為。

第二章
惠民之舉轉累民：賑濟與冒賑

> 甘省地瘠民貧，每歲不惜百十萬賑濟，以惠養窮黎。若以
> 惠民之事，而轉為累民之舉，徒令不肖官員借端肥橐，所
> 關甚大。[*]

　　康、雍、乾三帝透過確立雨水錢糧摺、各省錢糧撥解與改
革地方賑濟事宜，逐步完善清朝賑濟制度。及至乾隆年間，不僅
是例行的賑濟，加恩賑卹、蠲免等「惠民之舉」更是在所多有。
本章即說明在三代皇帝對賑濟制度的改革下，朝廷透過例行性文
書的創制，掌握地方荒歉的實況。接著討論地方由「藩司主政」
下的賑濟，如何在甘肅布政使王亶望的操作之下淪為「累民之
舉」，成為任由地方官員冒銷監糧缺口的手段。

---

[*] 中國第一歷史檔案館編，《乾隆朝懲辦貪污檔案選編》，冊2，頁1208，〈寄諭
阿桂等著將收捐監糧案內冒銷勒買並朦混出結之道府嚴切根究指名參奏〉，乾隆
四十六年六月十三日。

第一節　賑濟的實施

　　乾隆四十年（1774），乾隆皇帝（弘曆，1711-1799，1735-1796在位）申飭甘肅布政使王亶望（？-1781）、按察使圖桑阿（1736-？）未能奏陳地方雨水情形，曰：

> 現在如已成旱象，自應據實奏明，即或續得優膏，亦當附摺具奏，以慰朕念。藩、臬為地方大員，於通省雨暘水旱情形，例得隨時入告，況有奏事之便，更無隨摺附陳，乃竟不著一語，豈以此事為總督專責，與伊等毫無關涉耶？[1]

要求二人將甘肅「曾否得雨，或尚覺缺雨各屬，有無偏災之處，詳悉據實覆奏」。[2]王亶望旋即覆奏甘肅全省截至七月底止「雨澤愆期」，除了「夏禾被旱」外，省城附近還降下冰雹，全省共計有31處「俱成偏災」。[3]在獲知甘肅災情更加嚴重後，乾隆皇帝指示甘肅官員開倉賑濟被災廳、州、縣，並緩徵當年度稅

---

[1] 中國第一歷史檔案館編，《乾隆朝上諭檔》（北京：檔案出版社，1991），冊7，頁919，乾隆四十年七月十四日，奉上諭。

[2] 中國第一歷史檔案館編，《乾隆朝上諭檔》，冊7，頁919，乾隆四十年七月十四日，奉上諭。

[3] 中國第一歷史檔案館技術部攝製，《軍機處錄副奏摺·乾隆朝》（北京：中國第一歷史檔案館，1986），V.1:63（ROLL 6580），檔號：03-0874-003，〈甘肅布政使王亶望·奏報雨水情形事〉，乾隆四十年八月十二日。

收。[4]然而，甘肅的旱象並未緩解，同年秋成時仍然被災。[5]因此，乾隆皇帝於隔年正月降旨，緩徵「乾隆四十年夏、秋二禾被災之皋蘭、河州等三十七處」稅收一年。[6]

乾隆皇帝要求甘肅官員奏陳雨水情形，是賑濟制度的重要環節。清朝沿用歷代以來的災賑之法，建立事前預防、當下應對與事後處理的行政流程，藉由掌握各省的雨水錢糧情形，便可預先進行全國性的調配，遇有災荒可即時支應各省財政需求。[7]早在康熙年間，康熙皇帝（玄燁，1654-1722，1662-1722在位）要求各省督撫在奏摺內另外呈報「雨水」，以即時掌握各地情況；定期上奏「雨水情形摺」，便成為皇帝與各省督撫之間的默契。[8]乾隆皇

4　清·慶桂等修，《清實錄·高宗純皇帝實錄》（北京：中華書局，1986），卷989，頁200b-201a，乾隆四十年八月二十二日丁酉。

5　據勒爾謹奏報，乾隆四十年甘肅各廳、州、縣秋禾約收七分有餘，即約70%，參見中國第一歷史檔案館技術部攝製，《軍機處錄副奏摺·乾隆朝》，V.1:60（ROLL 6577），檔號：03-0827-042，〈陝甘總督勒爾謹·奏呈甘省秋成約收分數清單〉，乾隆四十年十月。

6　中國第一歷史檔案館編，《乾隆朝上諭檔》，冊8，頁126-127，乾隆四十一年正月初二日，內閣奉上諭。准予展限緩徵一年的銀兩共計有歷年尚未繳納的籽種口糧折色等項銀776,513兩與乾隆四十年應徵未完銀117,216兩二項，共計893,729兩，參見中國第一歷史檔案館技術部攝製，《宮中硃批奏摺·財政類》（北京：中國第一歷史檔案館，1987），檔號：04-01-35-0024-018，〈陝甘總督勒爾謹·奏報甘肅緩徵上年應徵民欠籽種口糧等項銀兩摺〉，乾隆四十一年二月十二日。

7　魏丕信（Pierre-Etienne Will）著，徐建青譯，《十八世紀中國的官僚制度與荒政》（南京：江蘇人民出版社，2006），頁14-15。

8　劉炳濤認為，雨水情形摺最早形成於康熙十二年，其餘論者皆認為形成於康熙三十至四十年間。到了康熙朝晚期，督撫奏報雨水情形的奏摺更顯頻繁。吳秀良進一步指出，雨水情形摺脫胎自滿洲傳統的請安摺，是祕密奏摺制度的前身，參見Silas H. L. Wu（吳秀良）, *Communication and Imperial control in China: Evolution of the Palace Memorial System, 1693-1735*（Cambridge, Mass.: Harvard University Press, 1970）, pp.36-42；王道瑞，〈清代糧價奏報制度

帝即位後，下令各省督撫在奏聞地方事宜時，也需將米糧時價開單呈報，遂確立全國性的糧價陳報制度。[9] 乾隆三年（1739），因湖廣總督德沛（1688-1752）「所奏糧價清單甚為明晰」，進一步規定各省督撫需「照此式酌量繕寫」，[10] 意即單獨開列各府每月糧價，分別糧價貴賤，並與上月糧價進行比較，使皇帝在閱讀時一目了然。乾隆二十八年（1763），為使戶部同步掌握各省糧價，甘肅按察使文綬（？-1784）奏准，各省督撫每月奏報糧價時，布政使需同時「將各州縣米、穀、麥、豆各項糧價細數，造冊咨部存案」，[11] 避免長期以來「報銷之案與奏報時價」不符的情況。[12]

　　朝廷透過掌握各地糧價變動，測度各地區糧食供需情形，即

　　 的確立及其作用〉，《歷史檔案》，1987：04（北京，1987.12），頁80-81；王業鍵，〈清代的糧價陳報制度及其評價〉，收入王業鍵，《清代經濟史論文集（二）》（臺北：稻鄉出版社，2003），頁5；劉炳濤，〈清代雨澤奏報制度〉，《歷史檔案》，2017：2（北京，2017.5），頁71-72。

[9] 　王業鍵，〈清代的糧價陳報制度及其評價〉，頁6-7；劉炳濤，〈清代雨澤奏報制度〉，頁72-73。

[10] 中國第一歷史檔案館編，《乾隆朝上諭檔》，冊1，頁448，乾隆四年八月三十日，大學士尚書字寄各省督撫。

[11] 清・托津等奉敕撰，《欽定大清會典事例（嘉慶朝）》（收入沈雲龍主編，《近代中國史料叢刊・三編》，輯66，冊653，臺北：文海出版社，1991），卷160，〈戶部・積貯・買補倉穀〉，頁6α。文綬的奏報與戶部的考量，參見余開亮，〈糧價細冊制度與糧價研究〉，《清史研究》，2014：04（北京，2014.11），頁1-12。

[12] 《清代宮中檔奏摺及軍機處檔摺件資料庫》（臺北：國立故宮博物院），文獻編號：403016483，〈山西布政使文綬・奏為各省糧價請令按月報部以備稽核摺〉，乾隆二十八年十二月二日。在文綬上奏以前，僅有陝西、甘肅、四川有定期將糧價報部之例，參見《內閣大庫檔案資料庫》（臺北：中央研究院歷史語言研究所），登錄號：022475，〈大學士管戶部傅恆・奏覆山西布政使文綬所請各省州縣糧價按月造冊送部事〉，乾隆二十八年十二月。

時採取適當措施，避免因氣候變化造成糧食供需不均，[13]也據以調配各省錢糧，支應地方的財政需求。[14]自康熙朝以降，各地約有80%的錢糧需起運至各省藩庫，[15]扣除江南七省每年400萬兩的漕糧後，[16]戶部依各省布政使司於前一年冬季針對各地俸餉的估算（冬估），按照每年春、秋兩季各省奏報藩庫實存銀數，每年兩次調配各省的起運錢糧（春、秋撥）。

雍正三年（1725），各省錢糧撥解正式確立。在起運錢糧「僅敷本省俸餉」的福建、廣東、廣西三省，全數供應本省俸餉所需；「不敷本省俸餉」的陝西、甘肅、四川、雲南、貴州等省，除悉數存留本省使用外，還接受他省的「協餉」。[17]其餘省分則在扣除本省俸餉、鄰省協餉與其他開支後，再將剩餘錢糧悉數解

---

[13] 王業鍵，〈清代的糧價陳報制度及其評價〉，頁2-3。

[14] 各州縣徵收錢糧後，運解布政使司，候戶部撥用者曰「起運」；扣留本地，支應地方例行性的支出者，曰「存留」。前者屬中央財政的一環，存於各省藩庫，由戶部統一調配，若常平倉儲額數不足，即自此項撥給錢糧採買；後者則為地方財政的開支，用以支應「本地之官俸、役食、驛站、河工、祭祀」等各項經費。參見清‧于敏中等修，《欽定戶部則例》（據乾隆四十六年〔1781〕武英殿刻本影印，收入故宮博物院編，《故宮珍本叢刊》，冊284，海口：海南出版社，2000），卷12，〈田賦‧徵解‧錢糧分別起存〉，頁3a。

[15] 康熙朝起運、存留額數，參見曾小萍（Madeleine Zelin）著，董建中譯，《州縣官的銀兩：18世紀中國的合理化財政改革》（北京：中國人民大學出版社，2020），頁32-33；乾隆朝各省起運、存留額數，參見陳鋒，〈清代中央財政與地方財政的調整〉，《歷史研究》，1997：05（北京，1997.10），頁105-106。

[16] 清‧清高宗敕撰，《欽定大清會典則例》（收入《景印文淵閣四庫全書》，冊621，臺北：臺灣商務印書館，1983），卷41，〈戶部‧漕運〉，頁1a-2b。

[17] 各省「協餉」相互支應的情形，《大清會典則例》載：「如山西、河南鄰近陝甘，直隸、山東次近陝甘；江西、湖廣鄰近四川、雲貴，浙江次近四川、雲貴。凡撥協先盡鄰近，再盡次近。」參見清‧清高宗敕撰，《欽定大清會典則例》，卷36，〈戶部‧田賦〉，頁10a。

送戶部，是為「京餉」。[18]乾隆二十四年（1759），清廷以協餉支
應新疆的糧餉需求，其中甘肅鄰近新疆，又是必經之路，自然無
法置身事外。乾隆三十九年（1774），伊犁將軍伊勒圖（？-1785）奏
准，「嗣後伊犁滿營及各營官兵需銀共五十餘萬兩」，「由伊犁
具奏調取」，即由距離最近的甘肅負責辦理。[19]

　　乾隆皇帝即位後，進一步確立朝廷辦理災賑事宜的步驟，包
括：「一曰救災，二曰拯饑，三曰平糶，四曰貸粟，五曰蠲賦，
六曰緩徵，七曰通商，八曰勸輸，九曰嚴奏，十曰辨災，十有一
曰興土功，十有二曰反流亡」，[20]成為地方官員的辦理準則。乾
隆四年（1739），由乾隆皇帝欽定的《康濟錄》，也明確的將災賑
事宜分為「先事之政」、「臨事之政」、「事後之政」等三個層

---

[18] 協餉制度的發展與確立及因應戰時的特別調整，參見林映汝，〈協餉與清廷
的新疆治理（1759-1884）〉（臺北：國立臺灣師範大學歷史學系碩士論文，
2010.6），頁15-29。

[19] 中國第一歷史檔案館、中國社會科學院中國邊疆史地研究中心、新疆博爾塔拉蒙
古自治州地方誌編纂委員會編，《清代西遷新疆察哈爾蒙古滿文檔案譯編》（北
京：全國圖書館文獻微縮複製中心，1994），頁184-185，〈伊犁將軍伊勒圖·
奏領取察哈爾等營官兵歲俸餉經費銀兩摺〉，乾隆三十九年三月十六日。乾隆
三十八年以前新疆每年所需經費由伊犁將軍衙門估算，逕自咨行陝甘總督調取，
並由陝甘總督核銷，換言之，此前新疆的經費併入陝甘總督項下支應。自伊勒圖
奏准後，新疆經費遂由甘肅協餉支應，參見管守新，《清代新疆軍府制度研究》
（烏魯木齊：新疆大學出版社，2002），頁108。

[20] 清·允祹等奉敕撰，《欽定大清會典》（收入《景印文淵閣四庫全書》，冊
619，臺北：臺灣商務印書館，1983），卷19，〈戶部·蠲邮〉，頁5a-11b。
此十二步驟源自《周禮·大司徒》：「以荒政十有二聚万民：一曰散利，二曰
薄征，三曰緩刑，四曰弛力，五曰舍禁，六曰去幾，七曰眚禮，八曰殺哀，九
曰蓄藥，十曰多昏，十有一曰索鬼神，十有二曰除盜賊。」參見漢·鄭玄注，
《周禮》（據上海涵芬樓借長沙葉氏觀古堂藏明覆元岳氏荊溪刻本影印，收入
《四部叢刊·初編》，冊3，上海：上海書店，1989），卷3，〈地官司徒〉，頁
16b-17a。

面，[21]並訂定治荒政的三十二策。《康濟錄》指出：「災傷之民救之於未饑，則用物約，而所及廣；救之於已饑，則用物博，而所及微。」[22]是以在承平之時，即設有倉儲以應荒年。

清朝官方倉儲承襲明制，在直隸設有京倉、通倉，由倉場衙門負責管理，各地則設有由州縣官專司的常平倉，以「循環糶糴」之法平價生息。[23]康熙三十四年（1695），訂立各省常平倉存七糶三的規範，將常平倉的米糧七成存於倉庫，留供賑濟之用；另外三成則於春夏糧貴之時，以較市場價格低廉的價格出糶，並於秋冬收成時糴買還倉。[24]在亟需官府糴糧的邊陲地區，也有因地制宜的彈性調整，例如：康熙四十二年（1703），甘肅獲准於「糧貴之年，存半糶半；糧賤之年，存七糶三」。[25]另一方面，康熙年間也有將常平倉糧先行支用駐防官兵糧餉，待秋收南米北運再行歸入之法，[26]使布政使必須實際將糧食交由軍隊點收，避

---

[21] 清‧永瑢等撰，《四庫全書總目》（北京：中華書局，1965），冊1，卷82，〈史部‧政書類‧欽定康濟錄〉，頁710。

[22] 清‧陸曾禹原撰，清‧倪國璉檢擇，清‧蔣溥等潤刪，《欽定康濟錄》（收入《景印文淵閣四庫全書》，冊663，臺北：臺灣商務印書館，1983），卷2，〈先事之政〉，頁1a-b。

[23] 清‧陸曾禹原撰，清‧倪國璉檢擇，清‧蔣溥等潤刪，《欽定康濟錄》，卷2，〈先事之政‧稽常平以杜侵欺〉，頁56a。

[24] 減價出糶的價格在承平之年每石的降價額度不會超過5分（0.05兩），在米貴之年也不會超過1錢（0.1兩），參見魏丕信著，徐建青譯，《十八世紀中國的官僚制度與荒政》，頁181、215。

[25] 清‧清高宗敕撰，《欽定大清會典則例》，卷40，〈戶部‧積貯〉，頁18a。其餘各省有分別核定存半糶半、存六糶四者，參見清‧于敏中等修，《欽定戶部則例》，卷28，〈倉庾‧常平倉‧平糶〉，頁3a-4a。

[26] 清‧鄂海等修，《六部則例全書》（康熙五十五年〔1716〕刻本，華盛頓：美國國會圖書館藏），〈戶部‧糧餉‧江南常平倉借支兵米〉，頁10a-b。

免有心人士捏報常平倉實存額數，也可使倉儲「常得易新，更無浥爛之患」。[27]不過，春糶秋糴的額數並不容易平衡，若秋季收成欠佳，官員則多將買補的行動推遲至隔年，一旦遇上長期的災荒，倉庫長年拖欠的虧空則更難補足。雖然朝廷早已設立規範，但地方官員通常會盡力避免在任內羅糴，以免收支難以平衡，卻又需承擔倉穀長年存放的損耗。[28]因此，各地實際的倉儲數量往往與額定的規範不符。

雍正三年，朝廷針對各省倉儲進行盤查，發現倉儲米穀「朽爛不堪，其高者不過三四成，低者全屬灰土」，[29]雍正皇帝（胤禛，1678-1735，1722-1735在位）遂要求各省督撫在三年內將常平倉儲的虧空盡數補足，「不得顆粒虧欠」。[30]其後，戶部議定〈懲治倉儲虧空定罪條例〉，加強對各省倉儲的管理；朝廷也允許各省可至鄰近省份羅補米糧，以補充本省常平倉儲糧。[31]乾隆十三年（1749），適逢全國米價上漲，大臣普遍認為是因為常平倉囤積過多糧食，引發朝中的論辯。[32]乾隆皇帝遂決定重新議定常平倉

---

27 清·鄂海等修，《六部則例全書》，〈戶部·蠲賑·常平倉糧不撥兵米〉，頁66b-67a。

28 魏丕信著，徐建青譯，《十八世紀中國的官僚制度與荒政》，頁184。

29 中國第一歷史檔案館編，《雍正朝起居注冊》（北京：中華書局，1993），冊1，頁605，雍正三年十一月初一日乙未。

30 中國第一歷史檔案館編，《雍正朝起居注冊》，冊1，頁634，雍正三年十二月二十五日戊子。

31 雍正初年對全國常平倉儲糧的清查，參見吳四伍，《清代倉儲的制度困境與救災實踐》（北京：社會科學文獻出版社，2008），頁88-91。

32 針對乾隆十三年米價的上漲與否的議論，王業鍵以糧價單指出確有其事，鄧海倫則認為米價的變動與同年的金川戰爭有關。參見Yeh-chien Wang, "Secular

084　一氣通下上：清乾隆年間甘肅的蠹捐與冒賑

的儲糧額數，以改善「聚之官者太多，則留之民者必少」的情況。[33] 茲將乾隆二十三年（1759）修訂後各省常平倉存糧額數與各省人數、實際存糧額數表列如下：[34]

表1　乾隆年間各省常平倉額數

省分	額定存糧數（單位：石）	人口數（單位：人）	人均存糧（額定存糧數／人口數）	實際存糧數（單位：石）	備註
甘肅	3,280,000	6,269,645	0.523	穀2,350,740	
山東	2,959,386	24,861,761	0.119	各色1,665,705.6*	糧色計有米、穀、豆、高糧
廣東	2,953,661	6,727,037	0.439	穀1,788,391*	另存有屯養米25,253石
浙江	2,800,000	14,819,121	0.189	米117,497穀1,875,030*	
陝西	2,733,010	7,189,289	0.380	穀2,119,248	
福建	2,566,449	7,978,333	0.322	穀2,044,094.6*	
河南	2,310,999	16,076,584	0.144	穀3,852,787*	
直隸	2,154,524	14,289,876	0.151	穀1,842,396.11	

Trends of Rice Prices in the Yangzi Delta,1638-1935," in *Chinese History in economic perspective*, eds. Thomas G. Rawski and Lillian M. Li (Berkeley and Los Angeles, California: University of California Press, 1992), pp. 35-68；鄧海倫（Helen Dunstan），〈乾隆十三年再檢討常平倉政策改革和國家利益權衡〉，《清史研究》，2007：2（北京，2007.5）頁1-11。

[33] 中國第一歷史檔案館編，《乾隆帝起居注》（桂林：廣西師範大學出版社，2002），冊7，頁201，乾隆十三年七月十九日辛丑。

[34] 《欽定大清會典》告成於乾隆二十三年，「告成以後續定之例，槩不登載」。參見清·允祹等奉敕撰，《欽定大清會典》，卷首，〈凡例〉，頁4a。

省分	額定存糧數（單位：石）	人口數（單位：人）	人均存糧（額定存糧數／人口數）	實際存糧數（單位：石）	備註
安徽	1,884,000	22,528,801	0.084	各色987,778*	糧色計有米、穀、雜糧
江蘇	1,528,000	22,780,648	0.067	穀613,199.71	數據統計截至該年八月底止
江西	1,377,013	9,211,297	0.149	穀1,369,904	
山西	1,315,837	9,679,842	0.136	各色1,010,589	糧色計有穀、米、豆
廣西	1,274,378	3,874,066	0.329	穀991,372.6*	
四川	1,029,800	2,704,165	0.381	各色2,045,772.98*	糧色計有米、穀、麥、菽、豆、粟、青稞
湖南	702,133	8,771,639	0.080	穀1,488,536.5*	
雲南	701,500	2,022,252	0.347	各色1,343,000.2*	糧色計有米、穀、麥、菽、稗、青稞
湖北	520,935	7,980,953	0.065	各色567,438.78	糧色計有穀、麥、粟包穀、小麥折穀
貴州	507,010	3,358,702	0.151	米936,608.56	
合計	33,792,300	187,114,136	0.364	-	

說　明：各省實際存糧數以各省常平倉儲糧為主，惟部分奏摺僅刊載通省司倉、
　　　　常平倉、社倉、收捐監穀等加總的數字，故以「*」表示之。
資料來源：清・允祹等奉敕撰，《欽定大清會典》，卷12，〈戶部・積貯〉，頁7b-
　　　　8b。
　　　　中國第一歷史檔案館技術部攝製，《宮中硃批奏摺・財政類》，檔號：
　　　　04-01-35-0015-029、04-01-35-0015-030、04-01-35-0015-32、04-01-
　　　　35-0015-34~04-01-35-0015-042、04-01-35-1155-035、04-01-35-1155-
　　　　036、04-01-35-1155-038~04-01-35-0015-040、04-01-35-0015-042、
　　　　04-01-35-0015-045，各省督撫奏報民數穀數摺，乾隆二十三年十一月至
　　　　十二月。

雖然雍正皇帝力行清查、乾隆皇帝降低倉儲額數，直到乾隆二十三年常平倉有缺額的省分仍多達12個。江南各省因米糧產量穩定，額定儲糧低，大量的米穀經由漕運運送至直隸地區，供京倉、通倉使用，[35]存留於江南的糧食在相對少數，呈現米糧產量與儲存額數不成正比的現象。邊陲省分則因地理環境的限制，普遍缺少米穀，透過提高額定儲糧備荒。其中，甘肅在全國各省額定儲糧最高，但由於位處西北軍事前線，需駐有重兵以維持邊境安穩，正項錢糧多優先撥給兵餉，並無餘糧可支應常平倉的需求，因此倉儲常不足額。各省地理條件、米糧產量各異，是以朝廷雖然確立常平倉儲，但在施行上仍具有一定的困難。

　　整體而言，清朝在「先事之政」的相關制度頗為完備。對於朝廷而言，調撥各省的起運錢糧，或用以支應兵餉，或協濟鄰省所需，或調撥進京存於國庫，皆可就近辦理，既免去來回運送之煩，又可以即時支應荒歉。透過每月奏報的糧價單，可以快速掌握各省雨水錢糧情形；遇有旱澇，在未成災前便可先行調撥各省錢糧，協濟被荒之地。設立於各地的常平倉，則扮演即時救濟災荒的角色，此時平糶額數便不拘「存七糶三之例」，由督撫按災情輕重報部查核出糶額數。[36]

---

[35] 清朝每年在額定的賦稅外，自河南、安徽、江蘇、江西、浙江、湖北、湖南等七省徵收390萬石漕糧，可分為正兌米與改兌米兩類，正兌米儲於京師京倉，改兌米則儲於通州通倉，參見清・清高宗敕撰，《欽定大清會典則例》，卷41，〈戶部・漕運〉，頁1a-2b。乾隆年間江南漕務的改革，參見周健，《維正之供：清代田賦與國家財政（1730-1911）》（北京：北京師範大學出版社，2020），頁75-81。

[36] 一般而言，只要不是「空倉全糶」皆會由戶部奏准。參見清・于敏中等修，《欽

乾隆十九年（1754），直隸總督方觀承（1696-1768）匯集個人辦災經驗著成《賑紀》，[37]廣受好評。[38]值得注意的是，在此之前乾隆皇帝曾將方觀承〈陳奏辦賑事宜說帖〉（以下簡稱〈說帖〉）抄寄各省，要求各省督撫仿照辦理。[39]乾隆皇帝在抄寄〈說帖〉的諭旨中指出：

> 各省辦理賑務向無一定章程，多有冒濫中飽之弊，而實在貧民轉多遺漏，不能均叨賑卹之恩。蓋地方災賑，今在清查戶口，以杜遺濫。封疆大吏統馭全省，既難躬親其事，即被災之州縣，其應辦事務實繁，如止一隅偏災，尚可自行查辦；若災地稍闊，必不能分身兼顧，而本處一二佐雜、教職，亦難遍歷村莊，勢不能不假手於書役鄉地，所以易滋弊混。[40]

定戶部則例》，卷28，〈倉庾・常平倉・平糶〉，頁4a。

[37] 清・方觀承輯，《賑紀》（據清乾隆刻本影印，收入《四庫未收書輯刊》，輯1，冊25，北京：北京出版社，1997）。

[38] 清・徐棟輯，《牧令書》（據道光二十八年〔1848〕刊本影印，收入《官箴書集成》，冊7，合肥：黃山書社，1997），卷13，〈籌荒・賑荒簡要周震榮〉，頁19a。

[39] 清・慶桂等修，《清實錄・高宗純皇帝實錄》，卷398，頁243b-244a，乾隆十六年九月十五日戊寅。

[40] 書役鄉地即為書辦、吏役、鄉約、地保的合稱，前二者為地方衙門出入的辦事人員，後二者為清朝治理地方時，協助維護秩序、施行教化的地方人士。參見清・慶桂等修，《清實錄・高宗純皇帝實錄》，卷398，頁243b-244a，乾隆十六年九月十五日戊寅。

由於清朝嚴格執行迴避制度，[41] 州縣官員往往需要仰賴地方士紳、胥吏、衙役與其他有力人士，方能有效掌握各地的實狀，卻也造成災賑易生弊端。[42] 為解決胥吏「冒濫作奸」的問題，方觀承在直隸辦災時，即另行委派災區鄰近道府佐雜、教職官員勘災，要求書吏、衙役「繕寫使令，不許干與查戶之事」。乾隆皇帝將〈說帖〉抄寄各省，當有要求各省督撫按直隸辦災章程，禁絕書吏、衙役涉入災賑事宜的用意。[43]

督撫辦理災賑，須「先將被災情形飛章題報」，[44] 並於勘災、蠲免時再次具題。據〈湖南查災規條〉記載：

> 夏災不出六月，秋災不出九月，言題報情形，不出六月、九月之外也。自題報情形出本之日起限四十五日，如勘不成災，即題覆銷案；如勘實成災，即將災田頃畝、成災分

---

41 魏秀梅，《清代之迴避制度》（臺北：中央研究院近代史研究所，1992），頁9-15。

42 例如：報災時地保、甲長串通衙門書吏，或將已經無法耕種之地，混入被災之地一同開報；或在勘災查賑之時，虛報戶口，隱瞞勘災官員鄉里實況，導致「輕重任鄉保之口，分數憑書吏之權」的情況。在開立賑票時，甚有「給票則有票錢，造冊則有冊費」的說法，若災民無餘錢可以賄賂，則無法獲得相應的賑濟。參見清・萬維翰輯，《辦災辦賑規條》（乾隆三十九年〔1774〕芸規堂重刊刑錢指南本，收入楊一凡、劉篤才編，《中國地方法律文獻・乙編》，冊13，北京：世界圖書出版社，2009），〈災賑總論〉，頁2a-3a。

43 清・慶桂等修，《清實錄・高宗純皇帝實錄》，卷398，頁243b-245a，乾隆十六年九月十五日戊寅。

44 清・于敏中等修，《欽定戶部則例》（收入故宮博物院編，《故宮珍本叢刊》，冊286），卷109，〈蠲卹・災蠲・報災〉，頁1a。

數具題賑恤。再于具題成災分數之日起限兩個月,將應免錢糧造冊題蠲。此三次題本,一定不易之成法。[45]

除了報災有一定的期限之外,[46]勘災與蠲免同樣需在一定的日程內題報。不過,並非題報災情就可以立即前往勘災,尚有諸多程序需要辦理。[47]因此,四十五日的勘災期限的時間壓力甚大,無法完全杜絕書役的參與。[48]抵達災區後,印委官員先以被災州縣預先勘定的清冊進行勘查,[49]再分辨受災戶「極貧、次

---

[45] 清·萬維翰輯,《辦災辦賑規條》,〈湖南查災規條·報災按例限〉,頁41a。

[46] 在氣候較遲的甘肅「於定例外稍加變通」,另有「夏災不出七月半,秋災不出十月半」的報災規範。參見清·于敏中等修,《欽定戶部則例》,卷109,〈蠲卹·報災〉,頁186b。

[47] 各省布政使在擇定道員總理賑務後,會按被災區域大小在正印屬員內擇定相應數量的官員,連同二至三倍的佐雜、教職官員勘災。還會提供相應地圖、文冊,且將「議定查戶規條」公告周知,使所有勘災官員都知曉勘災標準與田畝範圍後,方才按照各人「派定村莊,四出分查」。另外,此些勘災官員「何村、何庄災民戶口係何員清查」都將於「冊內將職名開列,以備稽查」。參見清·慶桂等修,《清實錄·高宗純皇帝實錄》,卷398,頁244a-245a,乾隆十六年九月十五日戊寅;清·萬維翰輯,《辦災辦賑規條》,〈湖南查災規條·委員分勘〉,頁42a。

[48] 因此,州縣官員往往會先行委由書役進行詳盡的前置作業,以繪製被災區域、清查田畝,以利司道、印委官員預先規劃勘災事宜。此些前置作業都由被災州縣委派「老成持重」的書役辦理,同時也會在勘災之前,先向災民出示勘災期限,以避免災民有事外出。書吏的選派,參見周瓊,〈清前期的勘災制度及實踐〉,《中國高校社會科學》,2015:3(北京,2015.5),頁117。出示勘災期限,參見清·萬維翰輯,《辦災辦賑規條》,〈湖南查災規條·預示勘災日期〉,頁43b。

[49] 文冊如「烟戶細冊」、「保甲冊」、「頃畝分數冊」等由地方保甲於承平之時製作的戶口、田畝清冊,或為被災州縣先行委派書役勘後,記載戶口、田畝與被災情形的「草冊」、「私冊」。科大衛指出,在雍正年間的賦役制度改革後,戶口登記便與賦稅制度分離,由保甲定期登記戶口,以維繫鄉里治安。參見科大衛(David Faure)著,卜永堅譯,《皇帝和祖宗:華南的國家與宗族》(南京:江蘇人民出版社,2010),頁281。草冊的製作目前僅見浙江地區的規範,參見周瓊,〈清前期的勘災制度及實踐〉,頁118-120。

貧」,[50]並填寫於二聯式「賑票」上,「一張給本戶為到廠領賑之據,一張存縣備查」,[51]且須登記在「查賑戶口冊」,[52]以備查核。上述的一應公文,皆需在「封套上加用災賑公文紅戳」以示急迫,[53]避免文書傳遞遲滯,延誤勘災期限。

　　勘災完畢後,州縣官員需於兩個月內將受災戶來年稅收蠲免額數彙整具題,賑濟的措施也同時進行。在放賑之前,州縣官員需確認預計給賑的銀米數量,若不敷使用,即需向上呈報,由戶部調運他省米糧協濟。[54]待米糧調運完成,公告發賑日期、地

50　極貧、次貧的勘定,以「產微力薄,家無擔石或房傾業廢,孤寡老弱、鵠面鳩形,朝不謀夕」,「赤貧無力及四貧無告者」為極貧,「田地在十畝以內,又全行被災,冬春難以存濟者」列為次貧,其餘「紳衿、富戶,并田地在十畝以外,家有儲蓄及經營、貿易、兵丁、書役,例不給賑」。參見清‧萬維翰輯,《辦災辦賑規條》,〈查賑事宜三十九條〉,頁16b;〈湖南查災規條‧災戶分極貧次貧〉,頁44b-45a。各地勘災審查戶口時因地制宜的標準,參見周瓊,〈清代審戶程序研究〉,《鄭州大學學報(哲學社會科學版)》,44:06(鄭州,2011.11),頁117-122。

51　清‧萬維翰輯,《辦災辦賑規條》,〈湖南辦賑規條‧應賑口數給票〉,頁48a。賑票上需填明受災戶「姓名、極貧次貧、大小口數目、住居、庄甲、加賑月份」等資訊,並按地區有不同的聯數與發放方式。如乾隆初年安徽有二聯式賑票,詳細刊發呈式參見清‧萬維翰輯,《辦災辦賑規條》,〈江督黃災賑條規〉,頁6b;〈安藩魏詳定辦災條約〉,頁32a-b。到了乾隆中期,安徽省賑票則改為三聯,詳細刊發呈式參見《清代宮中檔奏摺及軍機處檔摺件資料庫》,文獻編號:403001166,〈管安徽巡撫奏張師載‧奏覆安省辦賑章程與直隸相似摺〉,乾隆十七年三月六日。賑票的勘發呈式,參見周瓊,〈清前期的勘災制度及實踐〉,頁124-126。

52　查賑戶口冊或稱賑簿,也有一定的勘發呈式,參見周瓊,〈清前期的勘災制度及實踐〉,頁124-128。

53　清‧萬維翰輯,《辦災辦賑規條》,〈江蘇藩司彭詳定勘災事宜十六條〉,頁12b。

54　清‧萬維翰輯,《辦災辦賑規條》,〈湖南辦賑規條‧計算給賑銀米〉,頁48b-49a。照常理而論,官方發賑以常平倉儲的米、穀為之,若遇倉儲不足,也可以採取米銀兼賑的救濟模式,《戶部則例》即規定不同省分的「折賑米價」,

點，「明白曉諭，並令地保、庄頭傳知赴領，免致往返守候」，
由印委各官主持放賑。[55]此外，各地也會視災情輕重，或開粥
廠、或推動商民捐貲助賑，作為對受災戶的救濟方策。[56]

朝廷透過掌握地方雨水錢糧，利用財政撥解進行全國錢糧
的調配，完善各省常平倉儲，支應各省需求，藉由督撫題奏與
地方災賑文冊的書寫，即時掌握各地情形，各地的災賑事宜則
交由「藩司專責」。[57]乾隆皇帝大力申斥王亶望等人未奏報雨
水、糧價之舉，即是以文書制度強力干預，重申國家賑濟制度
的秩序。此一中央與地方的分工，卻也使得省級大員有操作的
空間。

第二節　官員的捏報

乾隆四十二年（1777）三月，勒爾謹（1719-1781）上奏指出甘肅
辦理捐監二年以來，較之部撥帑金採買，每年節省百餘萬兩，且

折賑米價每石一兩二錢者，有直隸、河南、浙江、江西、陝西等五省；折賑米價
每石一兩者，有山東、江蘇、安徽、湖北、湖南、甘肅、雲南等七省；山東省折
賑米價每石一兩六錢；奉天省折賑米價每石六錢；福建、廣東、廣西、四川、
雲貴五省「向不折賑」。一般而言，若以穀折賑，其價格為米的二分之一。參見
清・于敏中等修，《欽定戶部則例》，卷109，〈蠲卹・賑濟・折賑米價〉，頁
5a-b。

[55] 清・萬維翰輯，《辦災辦賑規條》，〈查賑事宜三十九條〉，頁23b。

[56] 相關討論參見魏丕信著，徐建青譯，《十八世紀中國的官僚制度與荒政》，頁
132-145。

[57] 中國第一歷史檔案館編，《乾隆朝上諭檔》，冊8，頁928-929，乾隆四十三年二
月十九日，內閣奉上諭。

捐監剩餘糧數皆「實貯在倉，並無顆粒虧缺」，為此請旨派遣大臣盤驗捐監倉儲，以查驗開捐成效。乾隆皇帝僅批示：「今年且不必，明年再請」。[58]隔年，勒爾謹再次上奏，[59]正在四川查案的刑部尚書袁守侗（1723-1783）、侍郎阿揚阿（？-1789）便奉旨在事畢後順道前往甘肅，「將各州縣監糧按其收發存貯實數，通行盤驗」。[60]

袁守侗、阿揚阿等人甫抵甘肅，勒爾謹即「詳賚通省收捐監生名數及動存糧數各冊」，方便盤驗。[61]經過兩個月的勘查，袁守侗奏曰：

> 統計盤驗過蘭州等八府五直隸州各屬，共實貯京斗糧一百一十二萬五千餘石。……臣等赴該州縣，就其冊開現存米、麥、豆、稞數目，逐細盤驗，俱係實貯在倉，委無虧短。至今春展、賑、糶、借，動用糧九十七萬九百餘石，亦調查支發卷案核對，與冊開數目符合。……復查甘省

---

58 中國第一歷史檔案館技術部攝製，《軍機處錄副奏摺‧乾隆朝》，V.1:53（ROLL 6570），檔號：03-0760-014，〈陝甘總督勒爾謹‧奏請簡派大員來甘肅盤驗捐監倉儲緣由事〉，乾隆四十二年二月初八日。

59 《清代宮中檔奏摺及軍機處檔摺件資料庫》，文獻編號：403034179，〈陝甘總督勒爾謹‧奏聞查明收捐糧石動存實數及賑災貸借亦需動用此項糧石事〉，乾隆四十三年二月十三日。

60 中國第一歷史檔案館編，《乾隆朝上諭檔》，冊9，頁946，乾隆四十三年三月初二日，內閣奉上諭。

61 《清代宮中檔奏摺及軍機處檔摺件資料庫》，文獻編號：019827，〈袁守侗、阿揚阿‧奏為盤查甘省各州縣監糧無虧由〉，乾隆四十三年五月二十六日。

兵糧等項，每年採買需費銀九十餘萬至一百八九十萬不
等，自收捐監糧以後停止採買，經費既可節省；而歷年
動用之外，現在倉貯當有存糧百餘萬石，是其辦理已有
成效。[62]

在重新開捐以前，甘肅每年兵米、賑糶、借貸所需糧食，皆由戶
部撥帑採買，所費不貲，但收捐監糧所得不但可以完全支應日常
需用，還有餘糧1,125,000餘石可實存於倉。乾隆皇帝認為，甘肅
開捐的確使倉儲充裕，又免去戶部每年支應百餘萬兩帑銀，遂下
旨將陝甘總督以降「辦理甚為妥協」的承辦監糧官員，一併交部
議敘。[63]然而，所謂的開捐成效，都是甘肅官員製造，用以矇騙
欽差的假象。

甘肅開捐本為補足常平缺糧，監糧與常平倉糧可相互支應，
理應二者兼查，[64]但袁守侗卻惑於甘肅官員所提供的文冊，未查
明甘肅常平倉儲是否如實。[65]甘肅官員收捐時俱私收折色，自

---

[62] 《清代宮中檔奏摺及軍機處檔摺件資料庫》，文獻編號：019827，〈袁守侗、阿
　　揚阿‧奏為盤驗甘省各州縣監糧無虧由〉，乾隆四十三年五月二十六日。

[63] 中國第一歷史檔案館編，《乾隆朝上諭檔》，冊10，頁108，乾隆四十三年六月
　　初三日，內閣奉上諭。

[64] 中國第一歷史檔案館技術部攝製，《宮中硃批奏摺‧財政類》，檔號：04-01-35-
　　1178-032，〈武英殿大學士阿桂等‧奏報查訊甘省收捐監糧案摺〉，乾隆四十六
　　年八月初一日。

[65] 袁守侗面稟乾隆皇帝：「曾盤驗常平倉穀」，然在後續查案的過程中，阿桂卻指
　　出「如果同時盤查，豈有袁守侗等轉不奏明，以見其周到之理」，質疑袁守侗的
　　說詞「顯係虛飾」，並未盤驗常平倉儲。參見中國第一歷史檔案館技術部攝製，
　　《宮中硃批奏摺‧財政類》，檔號：04-01-35-1178-032，〈武英殿大學士阿桂

然無餘糧可以實貯在倉，一旦皇帝派人盤驗倉庫，勢必露出馬腳。因此，勒爾謹遂主動請旨派員查倉，同時也「屬咐藩司嚴飭各道府，預行查明各州縣倉廠，務必令其實貯完足」。[66]甘肅官員遂將常平倉糧「以銀折給，留作監糧」，或將朝廷額定徵收兵米「暫留抵補監糧不敷之數」，若常平倉糧與額徵兵米仍無法補足監糧缺額，則當即以銀買補。[67]袁守侗也沒有注意乾隆三十九至四十二年間甘肅「開除糧數太多」的情形，自開捐起三年間，甘肅監糧已開銷6,737,000餘石，[68]是此時存倉監糧六倍之多。

甘肅官員之所以敢於奏報如此額數的開銷，便是掌握乾隆皇帝「軫念災民，凡遇報災無不賑卹」的心理。[69]自雍正朝以來，戶部庫銀庫存充裕，[70]加上建立完善的賑濟制度，是以乾隆皇帝

等‧奏報查訊甘省收捐監糧案摺〉，乾隆四十六年八月初一日；中國第一歷史檔案館編，《乾隆朝懲辦貪污檔案選編》（北京：中華書局，1994），冊2，頁1387，〈諭內閣著將查奏監糧失實之袁守侗等人交部嚴加議處〉，乾隆四十六年八月初九日。

[66] 中國第一歷史檔案館編，《乾隆朝懲辦貪污檔案選編》，冊2，頁1305，〈寄諭阿桂等著研訊地方官於盤查監糧時如何通同弊混欺蔽附件一：勒爾謹、王廷贊供詞〉，乾隆四十六年七月二十三日。

[67] 中國第一歷史檔案館技術部攝製，《宮中硃批奏摺‧財政類》，檔號：04-01-35-1178-032，〈武英殿大學士阿桂等‧奏報查訊甘省收捐監糧案摺〉，乾隆四十六年八月初一日。

[68] 《清代宮中檔奏摺及軍機處檔摺件資料庫》，文獻編號：031673，〈阿桂、李侍堯‧奏覆前袁守侗向阿揚阿派往盤查甘省監糧不實之情形並將該兩員交部議處〉，乾隆四十六年八月九日。

[69] 中國第一歷史檔案館編，《乾隆朝懲辦貪污檔案選編》，冊2，頁1342-1343，〈軍機大臣奏呈訊問王亶望供詞附件：王亶望供詞〉，乾隆四十六年七月二十九日。

[70] 乾隆年間戶部庫銀至少都存有3,000萬兩，至乾隆三十五年，戶部庫銀更已超過6,000萬兩，參見史志宏，《清代戶部銀庫收支和庫存研究》（北京：社會科學文

辦理災賑時相較於庫銀的支出，往往更在乎百姓能否均霑實惠。因此，地方官但凡報災，朝廷幾乎無不允准，加恩賑卹、[71]蠲免之事更是在所多有。[72]乾隆四十一年（1776），乾隆皇帝更特旨調撥金川軍費接濟甘肅災荒。[73]茲將乾隆四十年至四十五年（1775-1780）間朝廷接獲甘肅災情奏報，表列如下：

表2　乾隆四十年至四十五年甘肅報災情形

年份	季節	災種	報災廳州縣數
乾隆四十年（1775）	夏	旱	15
	秋	旱、雹	31

獻出版社，2014），頁84-87。

[71] 自乾隆五年（1740）起，乾隆皇帝皆會於每年新正降旨加賑前一年的被災州縣，參見清・慶桂等修，《清實錄・高宗純皇帝實錄》，卷84，頁329a-b，乾隆四年正月五日壬子。乾隆三十七年，乾隆皇帝諭曰：「向來各省遇有被災地方，除隨時撫綏賑卹外，每於次年新正降旨加恩展賑，以示體卹。」正式確立新正加賑的慣例。參見中國第一歷史檔案館編，《乾隆朝上諭檔》，冊7，頁228，乾隆三十七年十二月初四日，大學士字寄陝甘總督。

[72] 在此其間，乾隆皇帝分別於乾隆四十二年正月蠲免乾隆二十三年到三十五年民借折色未完銀84萬兩，與乾隆四十四年六月蠲免乾隆二十七至三十七年因災帶徵未完銀23萬餘兩、糧105萬餘石，分見中國第一歷史檔案館編，《乾隆朝上諭檔》，冊9，頁510，乾隆四十二年正月初二日，內閣奉上諭；中國第一歷史檔案館編，《乾隆帝起居注》，冊29，頁182，乾隆四十四年六月十五日丁卯。

[73] 乾隆皇帝詢問甘肅是否需要辦災銀兩的諭旨參見中國第一歷史檔案館編，《乾隆朝上諭檔》，冊8，頁298，乾隆四十一年六月十六日，大學士字寄陝甘總督。勒爾謹的回覆，參見中國第一歷史檔案館技術部攝製，《軍機處錄副奏摺・乾隆朝》，V.1:21（ROLL 6538），檔號：03-0318-029，〈陝甘總督勒爾謹・覆奏辦災借動銀兩事〉，乾隆四十一年七月初一日。

年份	季節	災種	報災廳州縣數
乾隆四十一年 （1776）	夏	水、旱、霜、雹	29
	秋	水、雹、霜	31
		旱	29
乾隆四十二年 （1777）	夏	旱	32
	秋	雹、水、霜	16
乾隆四十三年 （1778）	夏	旱	37
	秋	水、旱、霜、雹	17
乾隆四十四年 （1779）	春	雹、水、霜	17
	夏	蟲、雹、水	35
	秋	雹、水、霜	12
乾隆四十五年 （1780）	夏	旱	18
	秋	水	18
合計			337

說　　明：史料未載明各州縣分別報災情形，因此僅能粗略估算被災州縣數量。
資料來源：清‧慶桂等修，《清實錄‧高宗純皇帝實錄》。

六年間，全省74個廳、州、縣中，共有65個州縣都有報災的紀
錄，且連續三年報災的州縣便多達44個（參見「附錄5」）。茲將甘
肅報災廳、州、縣的分布位置、報災次數繪製如「圖1」，並據
「圖1」的地點分布與報災次數，繪製熱區圖如「圖2」：

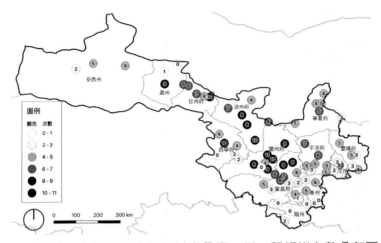

圖1　乾隆四十年至四十五年甘肅各廳、州、縣報災次數分布圖

說　　明：圖中各點代表縣級的行政單位所在地（包括分縣）。

資料來源：清・慶桂等修，《清實錄・高宗純皇帝實錄》，相關數據詳參「附錄5」。
CHGIS, 2016, "1820 Layers UTF8 Encoding." （c）Fairbank Center
for Chinese Studies（Harvard University）and Center for Historical
Geographical Studies（Fudan University）.

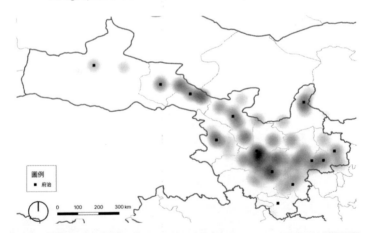

圖2　乾隆四十年至四十五年甘肅各廳、州、縣報災熱區圖

資料來源：清・慶桂等修，《清實錄・高宗純皇帝實錄》，相關數據詳參「附錄5」。
CHGIS, "1820 Layers UTF8 Encoding."

短短六年之內，甘肅省會蘭州府周圍的州縣便報災58次，首縣皋蘭縣更多達11次。除此之外，肥沃的隴右地區鞏昌府周邊，[74]與長年仰賴春日融雪灌溉，[75]有甘肅糧倉之稱的河西走廊甘州府，也是報災的熱區；但位處隴山、「土瘠民貧」的直隸秦、階州的報災次數卻僅有18次。[76]富庶之地多報災、貧瘠之地卻少報災，且同樣的州縣一再被災，皆與常理不符。其次，府治作為人口聚集之地，確實受到地方官員格外的關注，卻不足以解釋為何與之距離相近且地理條件相當的州縣，報災狀況存在的巨大差異。例如：西寧府治所在的西寧縣共報災10次，但位處皋蘭、西寧二縣交通要道的碾伯縣卻僅有4次，或可推斷是出於甘肅官員的捏報。

此外，各地被災集中於甘肅交通要道，與布政使駐紮於蘭州府，以及能否迅速聯絡各州縣有關。從「圖1」可知，報災次數6次以上的州縣，皆位處甘肅的交通要道，[77]訊息傳遞較為迅

---

[74] 鞏昌府即唐宋時期關中隴右之地，《甘肅通志》載，鞏昌府「川原平衍，風土深厚，有物產之饒」，「生聚頗繁，物產亦盛」。參見清・許容修，清・李迪等纂，《（乾隆）甘肅通志》（據乾隆元年〔1736〕刻本影印，收入《中國地方志集成・省志輯・甘肅》，冊1，南京：鳳凰出版社，2011），卷21，〈風俗・鞏昌府〉，頁3a-4b。

[75] 清・薰行義原本，清・黃璟續修，清・朱遜志續纂，《（道光）續修山丹縣志》（據道光十五年〔1835〕刊刻鈔本影印，收入《中國地方志集成・甘肅府縣志輯》，冊46，南京：鳳凰出版社，2008），〈水利〉，頁7a。

[76] 階州「土瘠民貧」、僻處山區，人民「力田而外倚樵採為生」，是普遍認為甘肅較為貧困的地區。參見清・許容修，清・李迪等纂，《（乾隆）甘肅通志》，卷21，〈風俗・直隸階州〉，頁8b-9a。

[77] 甘肅各驛站位置，參見劉文鵬，《清代驛站考》（北京：人民出版社，2017），頁457-526。

速，省級長官的控制力也較強；位處邊陲、地勢險阻的直隸秦、階州，相對控制力也較為薄弱。只是，各地報災次數雖多，但全省的秋成分數仍有七成。[78]以乾隆四十五年（1780）的夏災為例，勒爾謹向乾隆皇帝解釋18個被災州縣，雖佔通省十分之二，但各州縣被災僅止一隅，「以通省戶口地畝計之，尚不及十分之一」。[79]是以甘肅的災情雖多，仍在省級官員的掌控之下，依循朝廷既有的賑濟體系可輕易應付。

　　甘肅官員巧妙的操作賑濟制度，利用「災賑、災分以輕報重，戶口以少報多」的手法，[80]將災情控制在一定的範圍，讓朝廷留下甘肅災情「雖廣卻微」的印象；加上甘肅自然環境惡劣，[81]連

---

78 乾隆40年，甘肅秋成分數總計七分有餘；乾隆41年，甘肅秋成分數總計七分；乾隆42年，甘肅秋成分數總計七分有餘。參見中國第一歷史檔案館技術部攝製，《軍機處錄副奏摺·乾隆朝》，V.1:60（ROLL 6577），檔號：03-0827-042，〈陝甘總督勒爾謹·奏呈乾隆四十年甘省秋成約收分數清單〉，乾隆四十年十月；檔號：003-0829-064，〈陝甘總督勒爾謹·奏呈乾隆四十一年甘省秋成約收分數清單〉，乾隆四十一年；檔號：03-0831-080，〈陝甘總督勒爾謹·奏呈乾隆四十二年甘省秋成約收分數清單〉，乾隆四十二年。又，收成七分據《戶部則例》規範，屬於「平」的範疇，參見清·于敏中等修，《欽定戶部則例》，卷16，〈田賦·奏銷考成·題奏收成〉，頁9a-b。

79 《清代宮中檔奏摺及軍機處檔摺件資料庫》，文獻編號：027997，〈陝甘總督勒爾謹·奏覆被有偏災之皋蘭等州縣得雨情形及現在辦理撫卹由〉，乾隆四十五年八月四日。

80 中國第一歷史檔案館編，《乾隆朝懲辦貪污檔案選編》，冊2，頁1237，〈欽差大學士阿桂等奏報查明冒賑開銷之弊並請將原皋蘭知縣程棟革職拿問摺〉，乾隆四十六年七月初二日。

81 道咸年間甘肅布政使張集馨言：「甘肅惟地方瘠苦，山多天寒早，每年俱有霜、雹、水、旱災區，又有歲欠、流亡，出口而土地荒蕪。」在時人所撰的《蘭州風土記》中，亦記有：「甘土地瘠民貧，州縣苦無出息，所望者惟遇災賑濟耳。」參見清·張集馨撰，杜春和、張秀清點校，《道咸宦海見聞錄》（北京：中華書局，1981），頁209；清·佚名，《蘭州風土記》（光緒丁丑〔三〕年〔1877

年報災並不特殊，為甘肅官員的報災提供適當的藉口，因此朝廷自然不會任意派遣官員進行核查。如此一來，甘肅官員便可在朝廷知情、允准賑濟的情形之下，藉放賑之機，冒銷無存的監糧。

由王亶望、蔣全迪（？-1781）二人掌握的賑濟事務，與辦理捐監有類似的操作模式。二人見各州縣年年俱有報災，但災情或大或小，往往沒有憑據，王亶望乃授意蔣全迪「酌定各州縣報災分數，開單發給」，[82]要求各州縣「照單開報」；進而利用坐省長隨直接與各州縣聯繫，並於事後補取道府官員甘結，以補足規範所需的一應文冊。在辦理捐監時，因討好王、蔣二人而獲得較多數量〈實收〉的州縣官員，於辦理賑濟時則會被分配捏報較嚴重的災情，以順利報銷無存的監糧，是以呈現「捐多賑恤亦多」的現象。其次，王、蔣二人常會「藉此勒要各州縣冒銷辦賑銀兩」，[83]例如：金縣知縣邱大英（？-1781）因餽送豐厚，王亶望「給予〈實收〉並令冒開災賑」，因此邱大英任內即辦過災賑銀136,900兩，[84]他自陳從中侵冒30,000餘兩，[85]餽送王亶望14,400

至丁酉〔十三〕年〔1897〕上海著易堂排印本，收入清・王錫麒輯，《小方壺齋輿地叢鈔》，冊38，正編帙6，臺北：中央研究院歷史語言研究所傅斯年圖書館藏），總頁236a。

[82] 中國第一歷史檔案館編，《乾隆朝懲辦貪污檔案選編》，冊2，頁1428，〈軍機大臣奏呈遵旨訊問蔣全迪供詞清單〉，乾隆四十六年八月十八日。

[83] 中國第一歷史檔案館編，《乾隆朝懲辦貪污檔案選編》，冊2，頁1430，〈刑部等衙門奏請將蔣全迪照侵盜倉庫錢糧罪即行正法摺〉，乾隆四十六年八月十八日。

[84] 中國第一歷史檔案館編，《乾隆朝懲辦貪污檔案選編》，冊2，頁1455，〈寄諭阿桂等著將邱大英提省嚴審按數定擬〉，乾隆四十六年八月二十一日。

[85] 中國第一歷史檔案館編，《乾隆朝懲辦貪污檔案選編》，冊2，頁1524，〈陝甘總督李侍堯奏覆嚴訊原金縣知縣邱大英情形及已經審擬斬決摺〉，乾隆四十六年

兩。[86]秦州知州奇明在任內總共辦理災賑銀45,300兩，其中37,000兩散給災民，侵冒銀8,300兩，而王亶望即勒索6,100兩。[87]

在實際執行上，由於各州縣的報災分數已由王、蔣二人預先商定，各州縣便按災分數目「以輕報重」，督撫上奏朝廷的甘肅災情，當是議定之後的結果，無法反映實際的被災情形。然而，此時道府官員面對藩司主政之下的災賑事務，則與捐監時相似，呈現被動與無法作為的狀態。據甘肅驛傳道熊啟謨供稱：

> 辦理賑務各州縣徑詳藩司災之輕重、賑之多寡，皆王亶望主持議定，亦不俟我查勘，惟於事後補取道結備案。[88]

面對州縣官員在報災時串同藩司，「私行預取空白結冊，將災分、戶口更改輕重」的情事，[89]道府官員態度消極，或虛應故

九月初七日。

[86] 邱大英於金縣任內曾兩次送過王亶望銀4,000兩，由坐省長隨放於食物內送進，又代王亶望買物銀4,400兩，送王亶望上任浙江巡撫盤費銀2,000兩等，總計14,400兩。參見中國第一歷史檔案館編，《乾隆朝懲辦貪污檔案選編》，冊2，頁1299，〈欽差大學士阿桂等奏報查訊邱大英曾饋送王亶望銀兩情形摺〉，乾隆四十六年八月二十一日。

[87] 中國第一歷史檔案館編，《乾隆朝懲辦貪污檔案選編》，冊2，頁1618，〈陝甘總督李侍堯奏報查擬甘省捐監冒賑案犯熊啟謨等情形附件：熊啟謨及奇明供詞〉，乾隆四十六年九月二十四日。

[88] 中國第一歷史檔案館編，《乾隆朝懲辦貪污檔案選編》，冊2，頁1618，〈陝甘總督李侍堯奏報查擬甘省捐監冒賑案犯熊啟謨等情形附件：熊啟謨及奇明供詞〉，乾隆四十六年九月二十四日。

[89] 中國第一歷史檔案館編，《乾隆朝懲辦貪污檔案選編》，冊2，頁1474，〈山東巡撫國泰奏報查抄觀祿朱蘭貲財情形並委員解甘質審摺〉，乾隆四十六年八月二十四日。

事；有願意勘災者，則「止就災重地方查察，其災輕地方即不抽查」。[90]賑濟事宜辦理完畢後，道員需照例親臨盤查，卻因有災州縣已將監糧折銀「於災賑項下開銷」，無災州縣「以銀抵糧」，往往查無異樣，僅能「照冊結報」。[91]

州縣官員在實際放賑之時，則有另一套作法。為了迎合王亶望的要求，州縣官員會按王、蔣二人議定的災分報災、奏銷，但在放賑時，則另外準備有別於報災、奏銷冊之外的〈散賑點名清冊〉，刊載各州縣的被災戶口、人數與實際發放的糧食數目，以利掌握災戶實際被災與賑濟。透過〈散賑點名清冊〉可知，甘肅官員在以折色捐監，並無存糧在倉的情況下，僅能以銀代米，以「每糧一石合計折銀一兩」發放賑銀，與報部奏銷冊內所載甘肅放賑以「八分本色、二分折色」發放的情形完全不同。放賑結束後，州縣官員會將〈散賑點名清冊〉「即行銷毀」，以免留下與報部奏銷冊內容有所出入的證據。[92]透過兩種不同文冊的書寫，州縣官員上可以迎合捏報，下可以以銀賑濟人民，是在通省捏災冒賑下的折衷之法。

---

[90] 中國第一歷史檔案館編，《乾隆朝懲辦貪污檔案選編》，冊2，頁1526，〈江蘇巡撫閔鶚元奏報審訊甘省折捐冒賑案內在籍吳鼎新等犯摺〉，乾隆四十六年九月初七日。

[91] 中國第一歷史檔案館編，《乾隆朝懲辦貪污檔案選編》，冊2，頁1297，〈山西巡撫雅德奏覆飭詢原任鞏秦道程國表饋送王亶望銀兩情形摺〉，乾隆四十六年七月二十二日。

[92] 中國第一歷史檔案館編，《乾隆朝懲辦貪污檔案選編》，冊2，頁1237，〈欽差大學士阿桂等奏報查明冒賑開銷之弊並請將原皋蘭知縣程棟革職拿問摺〉，乾隆四十六年七月初四日。

在王亶望、蔣全迪陸續離開甘肅以後，各州縣報災仍「照前冒捏」，雖然繼任的布政使王廷贊（1722-1781）「多有查實核減，不比王亶望之一任浮冒」，但甘肅賑濟冒銷之弊仍不能免。[93]涼州知府吳鼎新（？-1781）為參與捐監冒賑並餽送藩司的官員辯解：

> 王亶望在任時，凡災分輕重、銀糧數目均由司批飭遵辦。因甘省地瘠差多，上司又多需索，各屬藉多開災分、戶口圖得盈餘，以補虧缺。[94]

「上司又多需索」實非特例，惟有透過定期餽贈，才能有陞任的機會。[95]鞏昌知府潘時選在甫到任時，曾「屢次赴藩司衙門」均「未得進見」，只能送銀以換取與王亶望見面的機會。[96]

值得注意的是，甘肅案冒賑的手法看似簡單，卻是首見。究其原因，勾通全省官員更動報災流程，牽涉闔省政務運作，實須省級大員方能成事。賑濟制度改革初衷本為效率與防弊，為求

---

[93] 中國第一歷史檔案館編，《乾隆朝懲辦貪污檔案選編》，冊2，頁1467-1468，〈閩浙總督陳輝祖奏覆審擬前甘肅道府陳之銓潘時選情形摺〉，乾隆四十六年八月二十四日。

[94] 中國第一歷史檔案館編，《乾隆朝懲辦貪污檔案選編》，冊2，頁1526，〈江蘇巡撫閔鶚元奏報審訊甘省折捐冒賑案內在籍吳鼎新等犯摺〉，乾隆四十六年九月初七日。

[95] 曾小萍著，董建中譯，《州縣官的銀兩：18世紀中國的合理化財政改革》，頁61-65。

[96] 中國第一歷史檔案館編，《乾隆朝懲辦貪污檔案選編》，冊2，頁1467-1468，〈閩浙總督陳輝祖奏覆審擬前甘肅道府陳之銓潘時選情形摺〉，乾隆四十六年八月二十四日。

使事權得專，權力集中於省級民政長官布政使。若布政使積極作為，屬員自是難以捏報，一旦姑息以對，甚至直接參與捏報，勢必弊情叢生。當負有監督布政使之責的總督也參與其中，使王亶望得以挾總督之威，要求州縣官員捏報災賑，同時也透過他們「多開賑糧」，將整個甘肅官場變為一個共犯集團。雨露均沾的操作手法，則讓違法亂紀的行為不會輕易被舉發。另一方面，雖然賑濟制度與捐納制度的運作原則不同，卻在甘肅案中呈現出相似的結果，顯示縱使制度設立完備，省級大員仍有上下其手的空間。透過操縱制度中的各種文書，甘肅官員以賑濟冒銷監糧缺口，又以捐監彌補賑濟糧食缺額，最終憑空捏造三千多萬石監糧。[97]

---

[97] 若按甘肅並口外等地自乾隆三十七年到乾隆四十六年捐監300,461人計，每人按戶部捐監額數繳納108石糧食，總計可獲得32,449,788石糧食。捐監人次統計，參見中國第一歷史檔案館編，《乾隆朝懲辦貪污檔案選編》，冊2，頁2069，〈軍機大臣奏呈甘肅及戶部收捐監生等數目清單片附件一：甘省及戶部捐監比較清單〉，乾隆四十八年五月十三日。

第三章
使貪官知所炯戒：皇帝的處置

> 朕之辦理此案，權衡審慎，祇欲使貪瀆營私之吏知所炯
> 戒，庶足以勵官常而振法紀，非真藉錙銖籍沒之財抵償官
> 項也。[*]

　　乾隆皇帝透過嚴懲涉案官員，重申專制權力對官僚體系的控
制，藉以「使貪瀆營私之吏知所炯戒」；但在一年之後，乾隆皇
帝卻開恩赦免判處斬監候的官員，以展現其寬仁。本章考察乾隆
皇帝如何藉由平定回變之機，揭發甘肅捐監冒賑案，並討論甘肅
捐監冒賑案前後不同的懲處模式。接著說明乾隆皇帝在處置甘肅
案的過程中，面對甘肅官員任意變換捐納、賑濟制度中的文書次
序，與省級大員選擇不以密奏制度呈報地方情形，造成皇帝耳目
閉塞的舉動，所採取的應對措施。

---

[*] 中國第一歷史檔案館編，《乾隆朝懲辦貪污檔案選編》，冊2，頁1502，〈諭內
閣著查抄甘案通省各員家資難保沒有寄頓不必株連苛求〉，乾隆四十六年九月初
一日。

第一節　人員的懲處

　　乾隆四十六年（1781）五月，乾隆皇帝（弘曆，1711-1799，1735-1796
在位）要求大學士阿桂（1717-1797）、三品頂戴管理陝甘總督李侍堯
（？-1788）查辦甘肅捐監情弊，[1]諭曰：

> 向來甘省藩庫收捐監生，原因該處出產米穀較少，不得不
> 有藉捐輸，以資裒益。近年以來，該處收捐糧石各州縣，
> 倉廩當已充足，況行之日久，其中轉不免弊竇。地方官既
> 經收捐監穀，其幕友家人等，或竟視為利藪，因緣滋弊，
> 不可不防其漸。[2]

乾隆皇帝對甘肅的懷疑並非空穴來風。實際上，甘肅地方官員一
直有「濫收折色，致缺倉儲及濫索科派」的陋習。[3]雖然自乾隆
三十九年（1774）開捐以來，甘肅省級大員的奏報都說明辦理捐監
成效甚佳；乾隆四十三年（1778），袁守侗（1723-1783）盤查甘肅倉

---

[1] 李侍堯前因案獲罪，蒙乾隆皇帝賞給三品頂戴馳驛前往甘肅，以管理陝甘總督員
缺的身分協助平定甘肅回變，參見清‧阿桂等奉敕撰，《欽定蘭州紀略》（收入
《景印文淵閣四庫全書》，冊362，臺北：臺灣商務印書館，1983），卷4，頁
22a-b，乾隆四十六年四月二十七日庚午，上諭內閣。

[2] 中國第一歷史檔案館編，《乾隆朝上諭檔》（北京：檔案出版社，1991），冊
10，頁579，乾隆四十六年五月十六日，尚書額駙公字寄欽差大學士、陝甘總督。

[3] 清‧慶桂等修，《清實錄‧高宗純皇帝實錄》（北京：中華書局，1986），卷
957，頁969a-b，乾隆三十九年四月十八日庚子。

庫，同樣覆奏捐監糧食並無虧缺。[4]不過，這些奏報並未打消乾隆皇帝的懷疑。

乾隆四十六年，甘肅薩拉爾族伊斯蘭新舊教爭立引發回變，[5]陝甘總督勒爾謹（1719-1781）緣事革職下獄，[6]作為「總督之下」的布政使王廷贊（1722-1781），「隨同觀望，遷延誤事」，自然是難辭其咎。念在王廷贊守城有功，乾隆皇帝僅要求王廷贊來京陛見，另有處置。[7]惟勒爾謹在京家產中被查出來路不明的二萬餘兩銀，[8]讓乾隆皇帝更加擔憂甘肅官員的幕友、家人將開捐

4 《清代宮中檔奏摺及軍機處檔摺件資料庫》（臺北：國立故宮博物院），文獻編號：019827，〈袁守侗阿揚阿‧奏為盤查甘省各州縣監糧無虧由〉，乾隆四十三年五月二十六日。

5 乾隆四十六年三月二十日，據陝甘總督勒爾謹奏報，甘肅薩拉爾族伊斯蘭新教領袖蘇四十三（1729-1781）與舊教爭立，引發新舊教之爭，奉命前往調解的蘭州知府楊士璣（？-1781）、河州副將新柱（？-1781）奉命前往調解不成，反遭新教回人殺害；其後，新教回人更直接包圍蘭州府城，由王廷贊率領城內三百餘兵丁守禦，待乾隆皇帝緊急派遣戶部尚書和珅、大學士阿桂前往主持，調派鄰近各省官兵，方才初步解除危機，參見《清代宮中檔奏摺及軍機處檔摺件資料庫》，文獻編號：030330，〈陝甘總督勒爾謹‧奏報帶兵二百名前往循化及白庄子嚴辦目無法紀之新教番回情形〉，乾隆四十六年三月二十日。楊士璣、新柱被害始末，參見《清代宮中檔奏摺及軍機處檔摺件資料庫》，文獻編號：030391，〈陝甘總督勒爾謹‧奏報河州協副將新柱被逆賊殘害情形〉，乾隆四十六年四月二十一日。王廷贊守城奏報，參見《清代宮中檔奏摺及軍機處檔摺件資料庫》，文獻編號：030172，〈甘肅布政使王廷贊‧奏報賊情緊急官兵堅守城池情形〉，乾隆四十六年三月二十七日。

6 乾隆皇帝質疑勒爾謹無法及早介入甘肅薩拉爾族伊斯蘭新舊教之爭，方才釀成事端；在新教回人舉事後，勒爾謹又評估錯誤，認為「半月之內即可殲滅」，使朝廷無法即時支援，最終造成省城被圍的局面。清‧阿桂等奉敕撰，《欽定蘭州紀略》，卷4，頁22a-b，乾隆四十六年四月二十七日庚午，上諭內閣。

7 清‧阿桂等奉敕撰，《欽定蘭州紀略》，卷5，頁14b-15a，乾隆四十六年四月二十九日壬申，上諭命軍機大臣傳諭阿桂和珅。

8 中國第一歷史檔案館編，《乾隆朝滿文寄信檔譯編》（長沙：嶽麓書社，2011），冊15，頁564，〈寄諭欽差大學士阿桂著務必逐一查抄勒爾謹任所財

「視為利藪」。為求得知甘肅辦理捐監實情，乾隆皇帝趁阿桂等辦理回變留駐甘肅的機會，指示祕密訪查。

在前途未卜的情形下，王廷贊也上疏捐俸資餉，期能捐銀贖罪，[9]藉以換取皇帝的寬免，奏曰：

> 奴才歷官甘省三十餘年，……今於薩拉爾逆回不法一案，不能事先覺查，致滋猖獗，負咎寔深，……現在用兵之際，需用浩繁，奴才情願將歷年積存廉俸銀四萬兩，繳貯甘省藩庫，以資兵餉。[10]

不過，王廷贊捐銀之舉，反而使乾隆皇帝起疑。他質疑王廷贊初任藩司，在「素稱清苦」的甘肅官場，[11]「何以家計充裕」，且又「無聲名不好之處」；加上前任布政使王亶望（？-1781）於捐辦浙省海塘工程時捐銀五十萬兩，使乾隆皇帝直接認定前後二任布政使「坐擁厚貲，當即在甘省任內所得」。[12]乾隆皇帝更指出甘

產〉，乾隆四十六年五月十一日。

9　在大清律中，有捐銀罰俸一條，乾隆年間又設有議罪銀，在督撫藩臬等大員犯罪時，以繳納銀兩贖罪作為處罰的手段，參見胡序震，〈清代議罪銀制度研究〉（上海：華東政法大學中國法制史碩士論文，2019.6），頁11-14。

10　《清代宮中檔奏摺及軍機處檔摺件資料庫》，文獻編號：030643，〈王廷贊‧奏為情願將積存廉俸銀四萬兩繳貯藩庫以資兵餉事〉，乾隆四十六年五月十二日。乾隆皇帝於五月二十一日硃批：「覽，欽此」。

11　中國第一歷史檔案館編，《乾隆朝懲辦貪污檔案選編》（北京：中華書局，1994），冊2，頁1236，〈037欽差大學士阿桂等奏報查詢陸瑋等十三人浮冒賑糧及被上司勒辦物件情形摺〉，乾隆四十六年七月初四日。

12　中國第一歷史檔案館編，《乾隆朝懲辦貪污檔案選編》，冊2，頁1193，〈寄諭

肅捐監令他百思不得其解的情況：

> 且聞向來監糧，係各州縣分收，而近來則全歸省城，即使
> 多收折色平餘，而在部報捐者，亦未嘗不收盈餘。若甘省
> 所收平餘較多，則捐監者自不樂從，何又紛紛向甘肅遠省
> 捐監，並稱較部捐便宜，其故實不可解。若云該省監糧，
> 實係收納本色，而本色又如何多得盈餘？其中情節總未能
> 深悉。[13]

是以乾隆皇帝再次傳諭阿桂等嚴密訪查王廷贊家道充裕的原因，
「是否即於捐監一事有染指情弊，或另有巧取之處」。[14]

經過初步的調查，阿桂、李侍堯覆奏：

> 勒爾謹從前奏開捐例時，即係王亶望任甘省藩司，未必不
> 由其慫恿。而開例之始，一面奏立規條、一面即公然折色
> 包捐，故王亶望之在甘省擁貲而去。眾人多有如此議論

阿桂等將甘肅藩司王廷贊於捐監一事有無染指並捐糧應否停止一併覆奏〉，乾隆
四十六年五月二十四日。
[13] 中國第一歷史檔案館編，《乾隆朝懲辦貪污檔案選編》，冊2，頁1193，〈寄諭
阿桂等將甘肅藩司王廷贊於捐監一事有無染指並捐糧應否停止一併覆奏〉，乾隆
四十六年五月二十四日。
[14] 中國第一歷史檔案館編，《乾隆朝懲辦貪污檔案選編》，冊2，頁1193，〈寄諭
阿桂等將甘肅藩司王廷贊於捐監一事有無染指並捐糧應否停止一併覆奏〉，乾隆
四十六年五月二十四日。

者，及細加詢問，又不能指實。[15]

甘肅私收折色、包攬納捐的情弊證實乾隆皇帝的懷疑。隨著案件的查辦，甘肅案的真相也逐漸浮上檯面。與此同時，阿桂、李侍堯又奏報甘肅連日陰雨，[16]與乾隆皇帝對甘肅連年「被旱須賑」的印象迥異，[17]加上甘肅官員折色包捐的違紀行為，使乾隆皇帝不再信任甘肅官員，認定甘肅官員「從前所云常旱之言，全係謊捏」。[18]甘肅按察使福寧（1739-1814）的供詞，更進一步證實乾隆皇帝的想法：

> 王亶望在藩司任內，各屬給發實收多少由其專主，報災輕重由其議定，厚薄因人而施，自有交通染指情事。即伊陞任後，無人不知其擁厚貲而去。[19]

---

[15] 中國第一歷史檔案館編，《乾隆朝懲辦貪污檔案選編》，冊2，頁1197，〈欽差大臣阿桂等奏覆查訪甘肅捐監等事情形摺〉，乾隆四十六年閏五月初五日。

[16] 《清代宮中檔奏摺及軍機處檔摺件資料庫》，文獻編號：030988，〈阿桂等・奏報在甘省華林寺等處圍剿回匪〉，乾隆四十六年閏五月二十五日。與阿桂同往平定回變的和珅也奏報連日陰雨，參見《清代宮中檔奏摺及軍機處檔摺件資料庫》，文獻編號：030624，〈和珅・覆奏為將王廷贊即行參奏緣由及曾令撒拉爾回人曉諭黨脅從之人並約於二十二日可以到京復命各等因〉，乾隆四十六年五月十八日。

[17] 清・阿桂等奉敕撰，《欽定蘭州紀略》，卷10，頁8a，乾隆四十六年六月三日甲戌，上命軍機大臣傳諭阿桂李侍堯。

[18] 清・阿桂等奉敕撰，《欽定蘭州紀略》，卷11，頁8a-b，乾隆四十六年六月十七日戊子，上命軍機大臣傳諭阿桂李侍堯。

[19] 中國第一歷史檔案館編，《乾隆朝懲辦貪污檔案選編》，冊2，頁1222，〈欽差大學士阿桂等奏報查審王亶望任內折收冒賑各情弊摺〉，乾隆四十六年六月二十七日。

福寧的供詞說明由「藩司主政」下的甘肅捐監，「竟若預知各屬被災之輕重」，發給與災情輕重相當數量的實收，是以「多捐者賑卹必多，其無災賑地方則報捐亦少」。福寧還指出，王亶望在額定的公倉費銀四兩外，又加收雜費銀一兩，作為「上下各衙門吏役人等雜項之需」，並從中「議給首府衙門三錢」，以酬謝首府代為主持存貯、給發州縣〈實收〉事務；王廷贊接任後，「又於雜費一兩外，每實收一張索銀一兩」。這些額外的索求，即用以「取悅眾人，以塞其口」。[20]

乾隆皇帝遂以福寧的口供為證，將甘肅官員「私收折色、冒賑浮銷、上下一氣通同」的行為昭告天下，[21]同時在諭旨中安撫曾經在甘肅案其間任職的大小官員，曰：

> 此時即將甘省大小各員一併革職審究，亦皆罪所應得，但此事總在藩司為政，其次則首道、首府、首縣，勾通侵蝕，為弊較多。此外各道府州縣，雖弊實亦皆不免，而此時尚未查明，毋庸遽行辦理。……其曾任蘭州本道、首府及首縣者，著即一體革職，拏解蘭州審訊。其餘各道府州

---

[20] 中國第一歷史檔案館編，《乾隆朝懲辦貪污檔案選編》，冊2，頁1222，〈欽差大學士阿桂等奏報查審王亶望任內折收冒賑各情弊摺〉，乾隆四十六年六月二十七日。

[21] 中國第一歷史檔案館編，《乾隆朝懲辦貪污檔案選編》，冊2，頁1242-1243，〈諭內閣著將甘肅首道府縣革職審辦其餘各員暫免提訊並將王廷贊革職拏問〉，乾隆四十六年七月初五日。

縣，並加恩，免其提訊。[22]

看似是寬慰之言，實為乾隆皇帝的緩兵之計。諭旨中擬先行查辦去職的首道、首府、首縣官員多達18人，加上此時距離乾隆三十九年甘肅口內外一體開捐已過七年，任職甘肅的官員已隨著例行性的遷轉分散在各省，不易快速掌握涉案官員分別的參與情形。因此，乾隆皇帝表面上以「此時尚未查明，毋庸遽行辦理」為由，降低曾辦理捐監冒賑官員的心防，讓他們誤以為自己未受懲處；私底下卻要求軍機大臣責成吏部查明所有涉案官員，將相關人等名冊以五百里加急字寄各督撫，令其「傳訊取供，據實代奏」，[23]諭曰：

> 如果伊等能將冒賑分肥各款逐一供認，據寔指出，毫無隱飾，尚可邀格外寬宥，如再不寔供，則是怙終不悛，必當加倍治罪，毋謂朕言之不早也。[24]

乾隆皇帝以廷寄降諭，要求各督撫分別取供，可使涉案官員措手

---

22 22中國第一歷史檔案館編，《乾隆朝懲辦貪污檔案選編》，冊2，頁1242-1243，〈諭內閣著將甘肅首道府縣革職審辦其餘各員暫免提訊並將王廷贊革職拿問〉，乾隆四十六年七月初五日。

23 清‧慶桂等修，《清實錄‧高宗純皇帝實錄》，卷1136，頁178a-b，乾隆三十九年七月初五日乙巳。

24 中國第一歷史檔案館編，《乾隆朝懲辦貪污檔案選編》，冊2，頁1260，〈寄諭留京辦事王大臣等著將吏部單開各員轉行飭詢取供並酌情寬宥〉，乾隆四十六年七月十一日。

不及，無法相互串供、轉移財產。實際上，利用廷寄傳諭各省督撫私下查明案情，是乾隆皇帝慣用的抄家手法，藉由全國縱橫密佈的公文網絡，以祕密文書指揮督撫，迅速確實地查抄侵貪案件。[25]

不出一個月，阿桂、李侍堯即查明自乾隆四十年起至四十五年（1775-1780）止，參與「假捏結報」的道府官員共53人；在州縣官員中，曾辦理捐監報災者有112人，只辦理捐監而未報災者則有46人，通省涉案道府州縣官員共計211人。由於涉案人數眾多，因此罪責較輕、只辦理捐監而未報災者仍蒙留用。[26]

為強調「大公至正」，乾隆皇帝也隨即處決「倡議侵冒分肥」的王亶望、[27]蔣全迪；[28]王廷贊雖於回變時守城有功，但因「始終匿飾不吐實情」，「自取其死」，處以「絞監候，秋後處決」；陝甘總督勒爾謹則因身為滿洲大員，「加恩賜令自盡」。[29]其餘涉案的大小官員人數眾多，乾隆皇帝除了希望按情

---

25 魏美月，《清乾隆時期查抄案件研究》（臺北：文史哲出版社，1996），頁57-59。查抄甘肅案所使用的各式公文與傳遞網絡，參見同書，頁65-78。

26 中國第一歷史檔案館編，《乾隆朝懲辦貪污檔案選編》，冊2，頁1368，〈諭內閣著分別查辦甘省冒賑控災及贖送王亶望銀兩之道府州縣各員〉，乾隆四十六年八月初四。

27 中國第一歷史檔案館編，《乾隆朝懲辦貪污檔案選編》，冊2，頁1348-1349，〈諭內閣著將王亶望即處斬勒爾謹令其自盡王廷贊絞監候〉，乾隆四十六年七月三十日。

28 中國第一歷史檔案館編，《乾隆朝懲辦貪污檔案選編》，冊2，頁1431，〈刑部等衙門奏請將蔣全迪照侵盜倉庫錢糧罪即行正法摺〉，乾隆四十六年八月十八日，「上諭」。

29 中國第一歷史檔案館編，《乾隆朝懲辦貪污檔案選編》，冊2，頁1348-1349，〈諭內閣著將王亶望即處斬勒爾謹令其自盡王廷贊絞監候〉，乾隆四十六年七月

節輕重予以不同懲處外，同樣也需顧慮其他官員對此案的政治解讀。《大清律》規定：

> 凡侵盜錢糧入己，數在一千兩以下者，仍照本律擬斬。……一千兩以上者，擬斬監候，遇赦准予援免。如逾一萬兩以上者，不准援免。[30]

以此檢視曾辦理捐監報災的官員，侵冒銀一千兩以上，需處以斬監候者，便多達100人；[31]即便乾隆皇帝有意加恩，侵冒一萬兩以上，屬「常赦所不原」罪者，仍有71人。面對龐大的涉案人數，若不予以嚴懲，恐落人口實，給予「罰不及眾」的印象；[32]若按律處以斬監候，則「侵蝕一千數十兩至數萬兩者，無所區別耳」。[33]

為按侵貪額數給予涉案官員不同的懲戒，乾隆皇帝遂先行密諭阿桂、李侍堯視涉案官員「贓私之多寡，以別情罪之重

三十日。

30 清·徐本等奉敕修，《大清律例》（據乾隆五年〔1740〕殿本點校，收入劉海年、楊一凡等主編，《中國珍稀法律典籍集成·丙編》，冊1，北京：科學出版社，1994），卷23，〈刑律·盜賊·監守自盜倉庫錢糧〉，頁310。

31 中國第一歷史檔案館編，《乾隆朝懲辦貪污檔案選編》，冊2，頁1479，〈欽差大學士阿桂等奏陳捏災冒賑與添建倉廠二罪俱發各員問擬斬候無可復加摺〉，乾隆四十六年八月二十四日。

32 中國第一歷史檔案館編，《乾隆朝上諭檔》，冊10，頁707，乾隆四十六年九月初一日，內閣奉上諭。

33 中國第一歷史檔案館編，《乾隆朝上諭檔》，冊10，頁715-716，乾隆四十六年九月初四日，尚書額駙公字寄欽差大臣、陝甘總督。

輕」，[34]凡侵冒銀兩在兩萬兩以上者，加重問擬斬決；在兩萬兩以下、一萬兩以上者，問擬斬監候，並於秋審入情實，意即罪刑明確，無須再審；在一萬兩以下、一千兩以上者，則按律問擬斬監候。[35]在各省陸續訊明、分別涉案人等情罪後，乾隆皇帝對甘肅案的懲處標準也逐漸明確。茲將乾隆皇帝懲處甘肅案犯官的原則與涉案官員，表列如下：

表3　甘肅案涉案官員犯行與懲處

犯行、懲處　職銜、姓名、人數		職銜	姓名	人數		備註
				小計	合計	
侵冒四萬兩以上	斬決，其子發配	總督	勒爾謹*	1	16	*總督勒爾謹身為滿洲大員，加恩賜自盡；布政使王廷贊因守城有功，加恩改為絞監候。 ●知府楊士璣、知州周植已死於蘇四十三之亂，因其參與甘肅案情節嚴重，其子緣坐發配。
		布政使	王亶望、王廷贊*	2		
		知府	蔣全迪、陸瑋	2		
		直隸知州	王汝地	1		

---

[34] 中國第一歷史檔案館編，《乾隆朝懲辦貪污檔案選編》，冊2，頁1434，〈寄諭阿桂等著將甘省私收折色案內各犯分別定擬具奏〉，乾隆四十六年八月十八日。

[35] 斬監候人犯於秋審時由刑部會同九卿、詹事、科道辨明人犯「情實」、「緩決」、「可矜」三種情況，分別處置。情實者交由皇帝勾決，於霜降以後、冬至以前處斬；緩決者還押，候來年秋審；可矜者則因情有可原，另行減等發落。斬監候人犯秋審的分類，參見孫家紅，《清代的死刑監候》（北京：社會科學文獻出版社，2007），頁112-126。斬決與斬監候之別，參見張寧，〈清代的大赦與死刑──制度及實踐中的法與「法外之仁」〉，《法制史研究》，28（臺北，2015.12）頁58-65。

職銜、姓名、人數　犯行、懲處	職銜	姓名	人數 小計	人數 合計	備註
	知縣／知州	程棟、楊德言、蔣重熹、宋學淳、朱家慶、鄭科捷、那禮善、鄭陳善、陳常	9		●知縣麥桓於押解途中病故，其子緣坐發配。
	通判	經方	1		
侵冒兩萬兩以上	斬決，其子革職	知府	崧柱	1	21	●加波浪底線者共2人，侵冒額數不及兩萬兩，因浮銷倉銀，從重處置。
		同知	孟衍泗、王萬年	2		●加框者在乾隆四十七年實際懲處之前，即於獄中身故。
		知縣／知州	李元椿、王臣、許山斗、詹耀璘、陳鴻文、伍葆光、舒攀桂、邱大英、陳澍、伯衡、萬人鳳、周兆熊、趙杬林、何汝楠、黎珠、徐樹栴、陳韶、張何衢	18		
侵冒一萬兩以上	斬監候，於秋審已入情實	道員	覺羅福明	1	34	●知縣葉中於甘肅案發前病故，其子隱匿家產，緣坐革職。
		知府	吳鼎新	1		●加底線者共11人，因後續查出虧空庫銀與侵貪額數合計超過二萬兩，入斬立決。
		同知	閔鶚元、李本楠、伍諾璽、顧芝	4		
		直隸知州	宗開煌	1		
		直隸州判	朱蘭	1		●加波浪底線者共5人，侵冒額數不及一萬兩，

職銜、姓名、人數 犯行、懲處		職銜	姓名	人數		備註
				小計	合計	
		知縣／知州	杜耕書、楊有澳、林昂霄、王璠、顧汝衡、墨爾根額、趙元德、龐櫄、沈泰、萬邦英、陶士麟、陳起撝、舒玉龍、彭永和、麻宸、孫元禮、**周人傑**、**景福**、錢成均、王旭、**楊賡颺**、李巨源、謝桓、**郭昌泰**、陳金宣	25		因狡供從重處置。 ●加灰底者因平定回變有功，加恩改為流放 ●**加粗體者**於乾隆四十七年秋審，加恩改為流放 ●加框者在乾隆四十七年實際懲處之前，即於獄中身故。
		縣丞	史載衡	1		
侵冒一千兩以上	斬監候	道員	**陳之銓**、巴彥岱、**熊啟謨**	3	45	* 知縣劉垧之子隱匿家產，加重發遣伊犁。 * 縣丞閔焜捏供，其子加重緣坐革職。 * 通判博敏最後實際的處置結果不詳，據後續處置人數統計推測，應在處置前病故。 ●直隸知州康基淵於押解途中自盡，其子加重緣坐革職。
		知府	**潘時選**、張金城、汪皐鶴	3		
		同知	韋之瑗、**善達**	2		
		直隸知州	**奇明**	1		
		直隸州同	董熙	1		
		直隸州判	楊士模	1		●加灰底者因平定回變有功，加恩改為流放。

職銜、姓名、人數\犯行、懲處		職銜	姓名	人數 小計	合計	備註
		知縣／知州	王夢麟、尤永清、丁愈、宋樹穀、黃道峴、蒲蘭馨、章汝楠、華廷颺、成德、劉坰*、陳嚴祖、廣福、呂應祥、史堂、張毓琳、李弼、申寧吉、葉觀海、林德堼、布瞻、何朝栁、劉甫崗、曾道申、覺羅承志、胡兆龍、薛佩蘭、郭之屏、侯作吳	28		● 加粗體者於乾隆四十七年秋審，加恩改為流放。 ● 加框者在乾隆四十七年實際懲處之前，即於獄中身故。
		縣丞	閔焜*、李立	2		
		通判	博敏*、賈若琳、佛保、謝廷庸	4		
侵冒一千兩以下	從重發遣新疆	道員	陳庭學	1	9	* 知縣夏恒因供詞內有「澈骨寒儒」等語，從重發遣新疆。 * 通判趙明旭因冒銷建倉銀兩，從重發遣新疆。 ● 署布政使達爾吉善因辦理捐監、濫加雜費，又於審案時不能據實陳奏，命其罰銀3萬兩，自備資斧赴和闐效力。 ● 府判富明阿因庇護甘肅案犯官，從重發遣新疆。
		知府	鍾賡起	1		
		知縣	夏恒*	1		
		通判	趙明旭*	1		
	杖一百、流三千里	同知	張春芳	1		
		知縣	劉治傳、邵維賢	2		
		試用知縣	許士梁	1		
		通判	吳諒	1		

犯行、懲處		職銜	姓名	人數 小計	人數 合計	備註
捏結及辦理捐監	革職查抄	道員	劉光昱、文德、奎明、王曾翼、程國表、永齡、秦雄飛、觀祿	8	25	* 知州彥方因捏供加重杖八十、徒二年。 ● 加框者在乾隆四十七年實際懲處之前，即於獄中身故。
		知府	彭永年、彭時清、觀亮、郭昊、黃元圮、富斌、李承瑞	7		
		候補同知	諾明阿	1		
		直隸知州	福明安、興德、厲學沂、姜興周	4		
		知縣／知州	王鳳儀、彥方*	2		
		職級不詳	魏椿年、德明、汪世琳	3		
僅辦理捐監	革職留用八年無過方准開復	知縣／知州	窩什渾、張履升、周廷元、博赫、楊瀛仙	5	36	● 按查使福寧因首告，革職留用，八年無過方准開復。 ● 知縣韓修鳳只填捐監生未收捐，革職留用，八年無過方准開復。 ● 加框者在乾隆四十七年實際懲處之前，即於獄中身故。
		職級不詳	楊芳燦、虞士煌、陳士衍、范履乾、慶雲、李文曾、吳廷芳、沈清芬、梁棫、李駟、汪琳、瑚圖立、王紹基、佟躍岱、劉鶴翔、皮昌煥、佛住、孔廣枚、岱祿、德慧、何端珣、張瑾、朱鍾、楊縉雲、謝廷謹、田志蕑、張照宇、阿青	31		

職銜、姓名、人數 犯行、懲處	職銜	姓名	人數		備註
			小計	合計	
		阿、湯傳業、尚五品、周履培			

說　　明：涉案官員「職銜」係其在案發前在甘肅所擔任的官職。
資料來源：中國第一歷史檔案館編，《乾隆朝懲辦貪污檔案選編》，冊2。
　　　　　中國第一歷史檔案館編，《乾隆朝滿文寄信檔譯編》，冊15，頁609-610，〈寄諭定邊左副將軍奎林著審明哈密通判經方私用庫銀情形回奏〉，乾隆四十六年十月二十四日；同書，頁612，〈寄諭盛京將軍索諾木策凌等著具奏經方虧空案失察緣由〉，乾隆四十六年十一月初九日。

　　乾隆皇帝以《大清律》為本，按不同侵貪額數量刑，但在實際處置時又有調整。乾隆四十六年九月，侵貪兩萬兩以上、問擬斬決的官員首先被處決，此時分散於各省的犯官尚未全數查明罪行，是以問擬斬決者僅有22名。乾隆皇帝為顯寬大，指出「若均照擬為斬決，轉與王亶望、蔣全迪等首惡罪名無以稍示區別」，加恩改為斬監候，「入於本年勾到情實官犯內辦理」。[36]但是，乾隆皇帝降諭時，正逢秋審之期，恩旨表面上減免刑度，卻並非真的有意赦免，22名斬決官員仍在秋決時正法。嗣後，又有10名侵貪超過兩萬兩以上的官員被押解至甘肅，奉旨「照程棟等各犯之例補行予勾」，當即正法。[37]乾隆四十七年（1782）三月，李侍

---

[36] 中國第一歷史檔案館編，《乾隆朝懲辦貪污檔案選編》，冊2，頁1575-1576，〈諭內閣著將甘省侵冒賑銀案內官犯程棟等二十二員先予勾決閔鵷元等四十一員斬監候〉，乾隆四十六年九月十五日。

[37] 此些官員押解至甘肅、照例處斬的時間不一，詳參中國第一歷史檔案館編，《乾隆朝懲辦貪污檔案選編》，冊2，頁1718，〈諭內閣著將王萬年等照程棟例補勾萬邦英等俱依擬應斬監候〉，乾隆四十六年十一月十四日；同書，頁1723，〈諭

堯又查出侵貪額數在一萬兩以上、判處斬監候的官員中，有11人侵冒、虧空數額合計超過二萬兩，同樣當即正法。[38]

其餘侵貪兩萬兩以下，本應入本年秋審情實者，則同獲恩旨，「從寬免其即入本年秋審，仍牢固監候」，延至隔年秋審時辦理。[39]乾隆四十七年秋審前夕，乾隆皇帝審閱甫成書的《蘭州紀略》，發覺部分甘肅案犯官在平定回變中「實在出力、著有勞績」，[40]遂下旨恩赦，或「發往黑龍江充當苦差」，或「發往煙瘴地方」，「嗣後雖遇大赦」，「不得援照省釋」。[41]其後，乾

軍機大臣等著將趙杭林等照程棟例補勾王夢麟景福等擬斬監候〉，乾隆四十六年十一月二十日；同書，頁1730，〈諭軍機大臣著將何汝楠照程棟例補勾及史載衡擬斬監候〉，乾隆四十六年十一月二十四日；同書，頁1766，〈諭軍機大臣著將王汝地照程棟例行予補勾楊賡飋擬斬入於秋審情實〉，乾隆四十六年十二月十六日；同書，頁1872，〈諭軍機大臣著將鄭科捷補行予勾陳起撝入於秋審情實周人傑斬監候〉，乾隆四十七年正月二十六日；清・慶桂等修，《清實錄・高宗純皇帝實錄》，卷1146，頁365a-b，乾隆四十六年十二月十日戊寅。

[38] 中國第一歷史檔案館編，《乾隆朝懲辦貪污檔案選編》，冊2，頁1940-1942，〈軍機大臣福隆安等奏議閔鶚元等十七犯於折捐冒賑外又虧缺侵蝕錢糧請即正法摺〉，乾隆四十七年四月二十六日；同書，頁1942-1943，〈諭內閣著將冒賑之外又虧空錢糧之閔鶚元等犯處斬董熙等犯斬監候秋後處決〉，乾隆四十七年四月二十六日。

[39] 中國第一歷史檔案館編，《乾隆朝懲辦貪污檔案選編》，冊2，頁1575-1576，〈諭內閣著將甘省侵冒賑銀案內官犯程棟等二十二員先予勾決閔鶚元等四十一員斬監候〉，乾隆四十六年九月十五日。

[40] 清・阿桂等奉敕撰，《欽定蘭州紀略》，卷20，頁11b-12b，乾隆四十七年七月二十日乙卯，上諭軍機大臣傳諭留京辦事王大臣、刑部堂官。涉案犯官功勞如：「或前往賊巢擒獲多犯；或於逆回滋擾蘭州時，晝夜在城督率民夫防守；或在安定縣擎獲教首馬明心」；「或在蘭州隨同守城；或擎獲餘黨及搬運軍糧等事」。參見中國第一歷史檔案館編，《乾隆朝懲辦貪污檔案選編》，冊2，頁1999-2000，〈諭內閣著將剿回出力之謝桓等五犯從寬免死發往黑龍江充當苦差〉，乾隆四十七年八月初一日；同書，頁2008，〈軍機大臣奏覆詢問福崧甘案各犯剿回出力情形片〉，乾隆四十七年八月十一日。

[41] 中國第一歷史檔案館編，《乾隆朝懲辦貪污檔案選編》，冊2，頁1999-2000，

隆皇帝在秋審時再次加恩，擴大赦免對象，將侵貪額數一萬兩以下的官員，照平定回變有功官員之例，全行改為流放。

不在乾隆皇帝恩赦之列者，有瞻徇隱匿、祖護屬員的鎮迪道巴彥岱（1734-1782），捏稱守城的莊浪縣丞閔焜（？-1782），以及身為大員子弟的合水知縣成德（？-1782）、環縣知縣陳嚴祖（？-1782）。前二人狡供徇私，自當按律處決；[42]後二人的行為與乾隆皇帝對大員子弟的道德要求不符，乾隆皇帝指出：

> 成德係高晉之子、書麟之弟；陳嚴祖係陳大受之子、陳輝
> 祖之弟，該二犯世受國恩，身為大員子弟，尤當潔己奉
> 公，以圖報效。見有通省貪婪舞弊情事，若能直揭部科，
> 朕必優加獎擢，乃亦恣不畏法，隨同侵帑殃民。雖該二犯
> 冒賑銀數在五千兩以下，但係大臣子弟昧良負恩，情罪尤
> 重，是以予勾。[43]

〈諭內閣著將剿回出力之謝桓等五犯從寬免死發往黑龍江充當苦差〉，乾隆四十七年八月初一日；同書，頁2014，〈諭內閣著將舒玉龍等二十六犯從寬免死發往黑龍江充當苦差〉，乾隆四十七年八月二十二日；同書，頁2015，〈諭內閣著善達等四犯從寬免死發往烟瘴地方雖遇大赦不得省釋〉，乾隆四十七年八月二十四日。

42 閔焜處置，參見中國第一歷史檔案館編，《乾隆朝懲辦貪污檔案選編》，冊2，頁2014，〈諭內閣著將舒玉龍等二十六犯從寬免死發往黑龍江充當苦差〉，乾隆四十七年八月二十二日；巴彥岱處置，參見中國第一歷史檔案館編，《乾隆朝懲辦貪污檔案選編》，冊2，頁2049，〈諭內閣著將辦理甘省捐監冒賑一案緣由通行曉諭以誡大小臣工〉，乾隆四十七年十月二十七日。

43 中國第一歷史檔案館編，《乾隆朝懲辦貪污檔案選編》，冊2，頁2049，〈諭內閣著將辦理甘省捐監冒賑一案緣由通行曉諭以誡大小臣工〉，乾隆四十七年十月二十七日。

嚴格懲處成德、陳嚴祖，可使朝中大臣知所警惕，「引以為鑒，嚴教子弟」。[44]因此，當此些受恩深重的官員無法符合皇帝的期待，甚至參與在貪污案件中時，獲得的處分往往也會比其餘的犯官更為嚴重。

　　普遍認為甘肅案的懲處嚴苛，除了正法官員人數最多，也與打破「罪人不孥」的處置慣例有關。[45]乾隆皇帝認為，侵貪四萬兩以上者罪行重大，緣坐其子，程棟（？-1781）等罪及斬決者，所犯乃「非常之罪」，其子緣坐「發往伊犁充當苦差」；侵冒二萬兩以上、不及四萬兩者，其子緣坐革職，「從寬免其發往伊犁」，以示法度有別；[46]遭發配的官員，其子則「不准應考出仕」。[47]連帶懲處侵貪犯官之子，將之發往伊犁，也成為日後懲處侵貪官員的行政慣例。例如：乾隆六十年（1795），福建「通省倉庫錢糧虧

---

[44] 中國第一歷史檔案館編，《乾隆朝懲辦貪污檔案選編》，冊2，頁2049，〈諭內閣著將辦理甘省捐監冒賑一案緣由通行曉諭以誡大小臣工〉，乾隆四十七年十月二十七日。

[45] 罪人不孥，意即罪不及妻、子。乾隆皇帝在處置甘肅案時，自言：「甘肅捏災冒賑一案舛法營私，大小官員通同一氣，為從來未有之奇貪異事，故當以重法治之。非不知罪人不孥，而此實非常之罪也。」中國第一歷史檔案館編，《乾隆朝上諭檔》，冊10，頁749-750，乾隆四十六年九月十二日，奉上諭。郭成康即指出，乾隆皇帝如此處置甘肅案，是「法外苛法，不僅前代罕見，即有清一代也僅此一見」，參見郭成康，〈18世紀後期中國貪污問題研究〉，《清史研究》，1995：1（北京，1995.2），頁17。

[46] 中國第一歷史檔案館編，《乾隆朝懲辦貪污檔案選編》，冊2，頁1565，〈諭軍機大臣等著將王廷贊等子嗣革職發往伊犁充當苦差並革去蔣重熹等之子所捐官職〉，乾隆四十六年九月十二日。

[47] 中國第一歷史檔案館編，《乾隆朝懲辦貪污檔案選編》，冊2，頁1999，〈諭內閣著將剿回出力之謝桓等五犯從寬免死發往黑龍江充當苦差〉，乾隆四十七年八月初一日。

空」，為首的督撫藩臬大員即「照前此王亶望等之例」處置，將犯官之子「概行發往伊犁，充當苦差，用昭炯戒」。[48]

另一方面，涉案官員也因職級大小，而有不同的分布。茲將扣除總督、布政使等三人後涉案官員的懲處，區分罪刑類別，並按官員層級繪製如「圖3」：

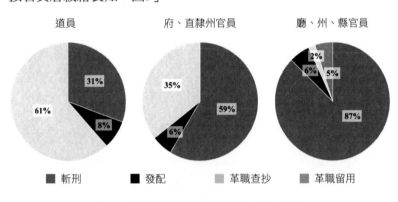

圖3　各級涉案官員罪刑比例圓餅圖

說　　明：1.職級不詳者不列入計算。
　　　　　2.各層級官員皆含佐貳官，如府同知、直隸州同、直隸州判、縣丞等。
資料來源：中國第一歷史檔案館編，《乾隆朝懲辦貪污檔案選編》，冊2。

---

[48] 中國第一歷史檔案館編，《乾隆朝上諭檔》，冊18，頁907-908，乾隆六十年十一月二十三日，內閣奉上諭。乾隆五十三年，懲處福建水師提督柴大紀時，乾隆皇帝便曾指出：「從前甘省冒賑案內，因王亶望等贓私狼籍、拖累多人，釀成巨案，罪浮於法，是以查明伊等之子發往伊犁。今柴大紀貽誤軍機，失陷地方，又復挾詐欺罔、拖陷無辜，尤非王亶望之止於貪婪玩法者可比，著將柴大紀之子查明，發往伊犁，給與兵丁為奴，以示懲儆。」參見中國第一歷史檔案館編，《乾隆朝上諭檔》，冊14，頁625，乾隆五十三年十月十二日，內閣奉上諭。嘉慶年間亦有如此辦理者，山陽縣令王伸漢「承辦賑務，挺開浮冒、從中侵飽」，其子同樣「發往伊犁，交該將軍分置各城，以洩幽憤」。參見中國第一歷史檔案館編，《嘉慶道光兩朝上諭檔》（桂林：廣西師範大學出版社，2000），冊14，頁386-387，嘉慶十四年七月初一日。

「圖3」可見道員的懲處普遍較輕，府、直隸州官員次之，州縣官員則有近九成身罹重罪。府、直隸州官員中還有如吳鼎新、陸瑋等原任知縣，在甘肅案其間陞任知府者，因此州縣官員判處斬刑的比例只會更高。不同職級官員比例懸殊的分布，與王亶望透過坐省長隨直接指揮各州縣有關：面對來自布政使的壓力，州縣官員多難以抵擋，因此侵貪額數多在一千兩以上；其中致力於討好王亶望、蔣全迪者，侵貪額數自然更高，罪刑亦隨侵貪額數的增加而加重。至於道員與府、直隸州官員的處置，則與個人操守直接相關，收受屬員餽贈或虧空庫銀者，處置也隨之加重；僅相沿出結、知情不舉者，則多革職查抄。

遭判處斬監候的103名官員中，正法者57人，寬免改為流刑者46人，乾隆皇帝自認乃是「於萬無可寬之中求其寬，然亦未嘗黜法而不嚴，貪吏亦可知懼矣」。[49]在寬免犯官時，乾隆皇帝強調因涉案人數眾多，而不願「株連拖累，有意苛求」，秉持「不為已甚」的原則。[50]與此同時，又以「水懦民玩，失之姑息」為由嚴加懲創，[51]強調為「使貪黷營私之吏知所炯戒，庶可以勵官

---

[49] 清．清高宗御製，清．董誥等奉敕編，《御製詩集．四集》（收入《景印文淵閣四庫全書》，冊1308，臺北：臺灣商務印書館，1983），卷92，〈陝甘總督李侍堯奏報甘省得雪詩以誌事〉，頁32a-b。乾隆皇帝詩註作正法者56人，根據統計應為57人，涉案人等處置結果，詳參「表3」。

[50] 中國第一歷史檔案館編，《乾隆朝上諭檔》，冊10，頁707，乾隆四十六年九月初一日，內閣奉上諭。

[51] 中國第一歷史檔案館編，《乾隆朝懲辦貪污檔案選編》，冊2，頁2014，〈諭內閣著將舒玉龍等二十六犯從寬免死發往黑龍江充當苦差〉，乾隆四十七年八月二十二日。

常而振法紀」。[52]乾隆皇帝透過恩威並施的政治操作,在「懲創之中,仍寓矜恤之意」,[53]以展現其寬仁。值得注意的是,在案發之初,乾隆皇帝以甘肅冒賑情弊「既經發覺,自應跟求到底,令其水落石出」,「斷不能因罰不及眾,輒以人多不辦為辭」,要求阿桂、李侍堯嚴查,並警告二人不得「稍存瞻徇,代為承擔」,展現嚴懲甘肅案的決心。[54]不過,當阿桂按律擬將侵冒一千兩以上官員全處以斬監候時,[55]乾隆皇帝卻以「問擬斬監候人數未免太多,朕心有所不忍」為由,[56]僅先行處決侵貪二萬兩以上「情節最重」的22名犯官,以宣示「侵貪之吏天理所不容,即國法所難宥」,達到以刑止刑的效果。[57]其餘犯官則在隔年秋審前,以平定回變有功為由加恩,即使無功者,也因其貪污額數少

[52] 中國第一歷史檔案館編,《乾隆朝上諭檔》,冊10,頁707,乾隆四十六年九月初一日,內閣奉上諭。

[53] 清‧慶桂等修,《清實錄‧高宗純皇帝實錄》,卷1460,頁505a-b,乾隆五十九年九月十日甲午。

[54] 中國第一歷史檔案館編,《乾隆朝懲辦貪污檔案選編》,冊2,頁1208,〈寄諭阿桂等著將收捐監糧案內冒銷勒買並矇混出結之道府嚴切根究指名參奏〉,乾隆四十六年六月十三日。

[55] 中國第一歷史檔案館編,《乾隆朝懲辦貪污檔案選編》,冊2,頁1479,〈欽差大學士阿桂等奏陳控災冒賑與添建倉廒二罪俱發各員問擬斬候無可復加摺〉,乾隆四十六年八月二十四日。

[56] 中國第一歷史檔案館編,《乾隆朝懲辦貪污檔案選編》,冊2,頁1513,〈寄諭阿桂等著將甘省內擬斬監候人員仍照前旨辦理等事〉,乾隆四十六年九月初四日。

[57] 乾隆皇帝要求李侍堯「明白宣諭各屬,俾觸目驚心,共知侵貪之吏天理所不容,即國法所難宥,庶幾辟以止辟,所全者多也。」參見中國第一歷史檔案館編,《乾隆朝懲辦貪污檔案選編》,冊2,頁1576,〈諭內閣著將甘省侵冒賑銀案內官犯程棟等二十二員先予勾決閔鶌元等四十一員斬監候〉,乾隆四十六年九月十五日。

於一萬兩，而免死改為流放。

在案件處置後期，以恩赦為原則的懲處模式之下，乾隆皇帝也重新調整先前對甘肅案的處分。前任蘭州知府楊士璣（？-1781）、河州知州周植（？-1781）之子皆因其父侵冒銀四萬兩以上緣坐發配，然發配僅只年餘，便因「楊士璣被賊戕害，周植城亡與亡，究係殞於王事」，而蒙赦免回籍。[58]陝西巡撫畢沅（1730-1797）、江蘇巡撫閔鶚元（1720-1797）因受甘肅案牽連，皆降為三品頂戴留任，並停支職俸、養廉銀；[59]懲處不過年餘，即以二人「尚屬黽勉」而復還原品頂戴，並允許支領養廉銀，「以示體恤」。乾隆皇帝強調恩赦皆由聖心「斟酌權衡，一視其人之自取」，[60]希望官員明白「有罪必懲，有功必錄」的道理。[61]乾隆五十九年（1794），因甘肅案緣坐發配的犯官諸子，也獲得乾隆皇帝恩赦。先是，乾隆皇帝以不忍「國家良臣」、故江蘇巡撫王

---

[58] 中國第一歷史檔案館編，《乾隆朝懲辦貪污檔案選編》，冊2，頁2050，〈諭內閣著將楊士璣等犯已發遣之子赦回原籍〉，乾隆四十七年十一月初三日。

[59] 畢沅任職於甘肅臨省陝西，曾兩次署理陝甘總督，卻未曾奏明甘肅闔省侵貪情形；閔鶚元隱匿其弟閔鵷元參與甘肅案的犯行，二人皆降為三品頂戴留任。畢沅見中國第一歷史檔案館編，《乾隆朝懲辦貪污檔案選編》，冊2，頁1775，〈諭內閣著畢沅降為三品頂戴留任並將其應得職俸養廉永行停止〉，乾隆四十六年十二月二十二日；閔鶚元見中國第一歷史檔案館編，《乾隆朝懲辦貪污檔案選編》，冊2，頁1743-1744，〈諭內閣著寬免閔鶚元革職治罪及呈繳家產〉，乾隆四十六年十二月初四日；同書，頁1836，〈諭內閣著將陳輝祖閔鶚元各降為三品頂帶留任永行停止應得職俸養廉〉，乾隆四十七年正月初三日。

[60] 中國第一歷史檔案館編，《乾隆朝上諭檔》，冊11，頁541-542，乾隆四十八年正月初九日，內閣奉上諭。

[61] 中國第一歷史檔案館編，《乾隆朝懲辦貪污檔案選編》，冊2，頁2050，〈諭內閣著將楊士璣等犯已發遣之子赦回原籍〉，乾隆四十七年十一月初三日。

師（1690-1751）「因伊子王亶望貪黷營私，以致絕嗣」，遂於「歸政以前特沛殊恩，施仁法外，俾其子嗣仍得釋回鄉里，延其宗祀」。[62]又以甘肅案內犯官「皆由王亶望等連及」為由，將緣坐發配犯官諸子恩赦回籍。[63]

綜觀乾隆皇帝對涉案人員的懲處，從一開始決意嚴加懲治，到實際處置時的恩免，態度幾經轉折。對於涉貪官員應當嚴加懲治，方能遏阻貪污亂象，因此在案情爆發時，乾隆皇帝抱持從嚴處置的態度。然而，甘肅案牽連人數超過預期，若按律處決數百名官員，勢必造成官員盡皆貪污的負面聯想，這對講求「顏面」與「國體」的乾隆皇帝來說，自是難以接受。[64]為了在遏止侵貪風氣與維護朝廷形象間取得平衡，乾隆皇帝選擇嚴格懲治為首與罪行最為嚴重的官員，其餘官員則判決斬監候，並於隔年加恩赦免。如此一來，不但可以達到懲戒的效果，亦使皇帝有仁德的美名。同時，赦免甘肅案犯官之舉，也是在向世人宣稱此時仍屬盛

---

[62] 中國第一歷史檔案館編，《乾隆朝懲辦貪污檔案選編》，冊2，頁2094，〈諭內閣著查明王亶望等各案獲重罪官犯發遣之子孫候朕加恩辦理〉，乾隆五十九年六月十五日。王亶望父親王師（1690-1751）「品行甚正」，「在巡撫任內辦理地方事務，甚為實心任事」；死後「賜祭葬」，「恩給祖父母、父母封典」，並入鄉賢祠。參見《大清國史人物列傳及史館檔傳包傳稿資料庫》（臺北：國立故宮博物院），文獻編號：701005736-0-04，〈王師列傳附子王亶望‧國史大臣列傳正編‧清國史館本〉。

[63] 中國第一歷史檔案館編，《乾隆朝懲辦貪污檔案選編》，冊2，頁2098，〈諭軍機大臣著加恩將甘省等案內發遣子嗣及牽連發遣官犯一體釋回不得應考出仕〉，乾隆五十九年七月初九日。

[64] 郭成康指出，國體係指整個國家的形象，它關係到清朝統治的合法性、合理性；顏面則指乾隆皇帝本人的形象，亦即聖主的權威與尊嚴，參見郭成康，〈18世紀後期中國貪污問題研究〉，頁18。

世，這其實是乾隆皇帝晚年常見的舉動，以此營造盛世承平景象，竭力維護自己「千古第一全人」的形象。[65]

第二節　制度的檢視

乾隆四十七年，江南道監察御史御史錢灃（1740-1795）奏言：

> 本年查辦甘肅折捐冒賑一案，作弊諸員悉治罪無遺。此案作俑由於藩司，而縱之使成者總督，非有王亶望，則蔣全迪、程棟等無所施逞；非勒爾謹，則雖有王亶望，亦莫之能為。凡諸弊端皆緣大吏負恩所致。[66]

可見王亶望、勒爾謹在案中的關鍵地位，乾隆皇帝在處置時也表達對二人未能履行職責的憤怒。乾隆皇帝斥責王亶望「負恩喪心」，「藉賑災恤民之舉，為肥身利己之圖」；勒爾謹「昏庸貽

65　清・清高宗御製，清・彭元瑞等奉敕編，《御製文集・餘集》（收入《景印文淵閣四庫全書》，冊1301，臺北：臺灣商務印書館，1983），卷2，〈識語〉，頁1b。Harold L. Kahn, *Monarchy in the Emperors Eyes: Image and Reality in the Ch'ien-lung Reign* (Cambridge, Massachusetts: Harvard University Press, 1971), p. 259. ；郭成康，〈18世紀後期中國貪污問題研究〉，頁18。

66　清・錢灃，《錢南園先生遺集》（據民國三年〔1913〕雲南圖書館刻雲南叢書本影印，收入《清代詩文集彙編》，冊397，上海：上海古籍出版社，2010），卷4，〈劾陝撫疏〉，頁4a-5b。錢灃上疏時間為乾隆四十六年十二月十一日，參見中國第一歷史檔案館編，《乾隆朝懲辦貪污檔案選編》，冊2，頁1757，〈諭內閣著吏部查明畢沅署理總督是否與王亶望任藩司同時並令畢沅明白回奏〉，乾隆四十六年十二月十一日。

誤」於「王亶望私收折色、冒賑婪贓一案全無覺查」。[67]錢灃更進一步指出，此案「作俑由於藩司，而縱之使成者總督」，是以甘肅案看似涉及全省官員，但真正的關鍵在於總督、布政使未能各自扮演稽核下屬與省級民政長官的角色。

清初為求穩定地方，設立督撫「總治軍民，統轄文武，考覈官吏，修飭封疆」，[68]集軍政、屬員考核調補與監察權力於一身，雖有效鞏固帝國的統治，卻使明代地方原有三司相互制衡的權力結構有所偏移，造成監察機制的失靈。[69]為此，康熙皇帝（玄燁，1654-1722，1662-1722在位）強化制度的規範，要求地方官員按時間上繳奏銷清冊，以利核查；透過統一清冊撰寫項目，嚴格規定庫存銀兩、糧食與文冊相符，並依循官僚系統層層上報，由上官擔負稽核文冊、盤查倉庫之責，建立防止侵貪與欺詐的檢查制度。[70]這些抄寫、檢核的文書，是制度運作的常態，朝廷則藉由辦理文書行政，強化中央集權，建立「督撫－藩臬－道府－州縣」的省級官僚秩序。

雍正年間，翰林院檢討李蘭（1692-1736）上奏，言及「近來督撫提鎮其權亦太盛矣，挾赫赫炎炎之勢，令人敢怒不敢言」，

---

67 中國第一歷史檔案館編，《乾隆朝懲辦貪污檔案選編》，冊2，〈諭內閣著將王亶望即處斬勒爾謹令其自盡王廷贊絞監候〉，頁1348-1349，乾隆四十六年七月三十日。

68 清・清高宗敕撰，《欽定皇朝通典》（收入《景印文淵閣四庫全書》，冊642，臺北：臺灣商務印書館，1983），卷33，〈職官・總督巡撫〉，頁3b-4a。

69 郭成康，《十八世紀的中國政治》（臺北：昭明出版社，2001），頁446-447。

70 曾小萍（Madeleine Zelin）著，董建中譯，《州縣官的銀兩：18世紀中國的合理化財政改革》，頁14-21。

「即有過舉」，亦無人能彈劾參究。[71]在此情形之下，雍正皇帝（胤禛，1678-1735，1722-1735在位）賦予藩、臬二司密陳奏事之權，凡吏治民生、國政建白、官聲刺舉，凡有所聞，不待查證即可專摺具奏，使皇權直接掌握地方政務實際運作。內閣學士查嗣庭（1664-1727）即陳明擴大摺奏權的優點，曰：

> 今之藩司即古之方伯，職在承宣，其職最重，凡民生利弊、屬員賢否以及地方公事，本不宜袖手旁觀。今既得便宜上聞，則與督撫雖無相制之形，實有相制之勢，官既不煩添設，權亦不患獨操矣。[72]

如此一來，可使督撫藩臬相制，亦可削弱督撫在地方的影響力。雍正皇帝還透過布政使探聽地方官聲，作為官員遷轉、調動的參考，甚或要求祕密監視督撫，據以了解其辦理政務的情形；與此同時，也提醒布政使不得以摺奏之權要挾督撫，以免逾越上下分際。[73]

---

71 中國第一歷史檔案館編，《雍正朝漢文硃批奏摺彙編》（上海：江蘇古籍出版社，1989），冊1，〈翰林院檢討李蘭・奏請覆設巡按御史以清吏治摺〉，頁37-38，雍正元年二月初四。

72 《清代宮中檔奏摺及軍機處檔摺件資料庫》，文獻編號：402004890，〈內閣學士查嗣庭・奏陳諸事一許藩司用密摺啓奏二講官出差宜開缺另三補各省效力人員宜加約制四明歲鄉場官卷宜個別酌定額數五今歲江浙漕糧宜改折徵收〉，雍正元年十月十四日。

73 例如：雍正皇帝要求湖南布政使朱綱祕密監視新任湖南巡撫王朝恩適任與否，長達半年之久，參見陳連域，〈盛清時期的布政使研究〉（臺北：國立政治大學歷

相較於雍正皇帝透過奏摺與布政使密切互動，乾隆皇帝則因重視官僚職級的倫理，而與布政使頗為疏離。乾隆皇帝重整以督撫為尊的秩序，聲明「以布政而奏人才，屬僭越」，[74]要求布政使將一應細務告知督撫，由督撫具摺上奏。乾隆皇帝此舉使布政使成為督撫屬下專司錢穀出納的官員；影響所及，布政使在地方漸與督撫勾串，造成皇帝耳目蔽錮，難以掌握地方。[75]雖然乾隆皇帝在查辦甘肅案的過程中，屢次表達對此案預先知情，曰：

> 此等情弊，又何因而至朕聞，並朝中之無不聞乎？此等傳說者，自必出諸不能分肥各官之口，以致傳言籍籍。[76]

> 此案朕早有風聞，猶恐各督撫或誤會朕意，因噎廢食，致將災賑之事靳固不舉，是以遲回未發者，已二三年矣。[77]

但實際上無從證實，即便官場「傳言籍籍」，乾隆皇帝也不能以莫須有的罪名任意懲處，以免人人自危。是以乾隆皇帝持續對甘

　　史學系碩士論文，2006.6），頁298-305。

[74] 《清代宮中檔奏摺及軍機處檔摺件資料庫》，文獻編號：000782，〈浙江布政使唐綏祖·奏陳知府各員賢否〉，乾隆十二年五月三十日，「硃批」。

[75] 陳連域，〈盛清時期的布政使研究〉，頁303-322、頁326-336。

[76] 中國第一歷史檔案館編，《乾隆朝懲辦貪污檔案選編》，冊2，〈寄諭阿桂等著詳切查辦監糧等弊〉，頁1219，乾隆四十六年六月二十三日。

[77] 中國第一歷史檔案館編，《乾隆朝懲辦貪污檔案選編》，冊2，〈諭內閣著將王亶望即處斬勒爾謹令其自盡王廷贊絞監候〉，頁1348-1349，乾隆四十六年七月三十日。

肅加以關注，透過不同的管道多方打聽，或派遣欽差至甘肅徹查常平倉、監倉，或密諭陝甘總督考察屬員，[78]或從途經甘肅的官員瞭解地方情形，[79]即便如此，仍不敵甘肅督撫藩臬的勾串。乾隆皇帝將甘肅案歸咎於王亶望主謀、勒爾謹失察，但也反映乾隆皇帝確實破壞了以奏摺制衡督撫權力的機制，以致無法知曉甘肅的實際情形。

　　此時國家正處在經濟繁榮、人口倍增、疆域拓展的時期，地方治理的難度大為提高，乾隆皇帝面對政治形勢客觀上迫切的需要，往往只能滿足督撫在財政權、人事調補權上的需索，方能進行有效的統治。[80]因此，地方例行性的文書往來有助於強化中央集權，即便難以避免地方官員上下勾通、應付虛文的因循風氣，仍發揮事後檢討的作用。透過例行性文書的留存，阿桂、李侍堯便可藉以檢核甘肅不合理的捐監人數、賑濟與建倉額數，釐清甘肅官員侵貪、挪移的實情，掌握官員的侵貪額數。

---

[78] 乾隆皇帝密諭勒爾謹考察「屬員賢否」，勒爾謹覆奏：「陝甘兩省司道、知府，俱克勤職守。」中國第一歷史檔案館技術部攝製，《軍機處錄副奏摺‧乾隆朝》（北京：中國第一歷史檔案館，1986），V.1:11（ROLL 6528），檔號：03-0162-049，〈陝甘總督勒爾謹‧奏為遵旨據實密奏屬員賢否事〉，乾隆四十二年三月初九日。

[79] 乾隆四十四年九月，理藩院尚書奎林（？-1792）向乾隆皇帝報告甘肅雨水情形，曰：「甘肅地方似覺雨水過多，詢之土人，僉稱：『向年覺旱之處，今歲俱得有收，其低窪處所雨水不免過大，且有生長黃疸者，雖非通省皆然；而歉收之處，約有少半。』」乾隆皇帝遂降諭要求勒爾謹查明後覆奏，參見中國第一歷史檔案館編，《乾隆朝上諭檔》，冊9，頁816，乾隆四十四年九月十四日，大學士字寄陝甘總督。

[80] 郭成康，《十八世紀的中國政治》，頁295-296。

早在乾隆三十九年，王亶望奏報口外各屬捐監人數時，乾隆皇帝便曾質疑甘肅「安得有二萬人捐監」，[81]雖在勒爾謹覆奏後便未加以追究，仍時常加以關注，更曾派遣欽差大臣前往盤查。甘肅自乾隆三十七年（1772）口外開捐以來的捐監人數，與同時間戶部的捐監人數，茲比較如下：

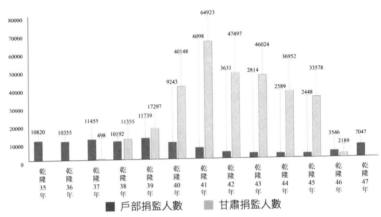

圖4　甘肅省及戶部捐監人數比較

說　　明：1.乾隆48年軍機處奏呈甘肅捐監人數中，包含甘肅口外捐監人數（乾隆37年10月至乾隆39年9月），自乾隆39年10月甘肅全省開捐以後，甘肅口內、口外捐監人數即合併計算；乾隆46年甘肅捐監人數計算至6月為止。

　　　　　2.《乾隆朝懲辦貪污檔案選編》中另存有一份乾隆51年軍機處奏呈的甘肅捐監人數，與乾隆48年軍機處呈人數每年約有數百人的差距，惟無法得知詳細的史料產生過程，故不列入討論。

資料來源：《清代宮中檔奏摺及軍機處檔摺件資料庫》，文獻編號：403028529，〈陝甘總督勒爾謹‧奏報肅州安西二屬收捐監糧確數至哈密等三處候查明後再報〉，乾隆三十九年三月二十八日。

---

81 中國第一歷史檔案館編，《乾隆朝上諭檔》，冊7，頁745-746，乾隆三十九年十一月十九日，大學士字寄陝甘總督。

中國第一歷史檔案館技術部攝製，《宮中硃批奏摺·財政類》，檔號：04-01-35-0622-038，〈陝甘總督勒爾謹·陝奏報甘肅肅州安西二屬及新疆各處收捐監糧數目摺〉，乾隆四十年三月二十二日。
中國第一歷史檔案館編，《乾隆朝懲辦貪污檔案選編》，冊2，頁2069，〈軍機大臣奏呈甘肅籍戶部收捐監生等數目清單片附件一：甘省及戶部捐監比較清單〉，乾隆四十八年五月十三日；同書，頁2093，〈軍機大臣奏呈甘省停捐開捐與戶部收捐監生銀數比較清單片附件二：甘省收捐監生糧價核銀清單〉，乾隆五十一年二月初三日。

乾隆皇帝的懷疑其來有自，在甘肅開捐的數年間，全國捐監人數呈現倍數的成長，且每年在甘肅報捐的人數幾乎都是戶部的十倍之多，乾隆四十一年（1776）甚至達到六萬人。對這樣異常的數額，總是強調自己「自臨御以來，親理萬幾，孜孜不倦」的乾隆皇帝，[82]卻未曾質問甘肅官員，僅是心中存疑，這樣異常的現象或與于敏中（1714-1779）、和珅（1750-1799）先後任職於戶部有關。

　　清朝外官常須餽贈京官，引以為奧援。[83]乾隆皇帝指出甘肅奏請復開捐例時，乃由時任管戶部大學士于敏中議准，使自己「誤聽其言，遂爾允行」。乾隆皇帝認為，勒爾謹、王亶望等仰恃于敏中在戶部「為之庇護」，方敢於奏請開捐，並於甘肅私收折色，[84]更進一步推斷于敏中豐厚的家產，即是來自甘肅官員的

---

82 中國第一歷史檔案館編，《乾隆朝上諭檔》，冊14，頁205，乾隆五十三年三月十四日，內閣奉上諭。

83 《道咸宦海見聞錄》便曾描繪箇中情形：「即日進〔京〕城拜客，困於酒食，外官之常態也。」；《春明夢錄》亦曾紀錄：「京官廉俸極薄，所賴以挹注者，則以外省所解之照費、飯食銀，堂司均分，稍資津貼耳。」參見清·張集馨撰，杜春和、張秀清點校，《道咸宦海見聞錄》（北京：中華書局，1981），頁89-90；民國·何剛德撰，張國寧點校，《春明夢錄》（太原：山西古籍出版社，1997），〈俗語以富貴貧賤威武六字分配六部〉，頁84。

84 中國第一歷史檔案館編，《乾隆朝上諭檔》，冊11，頁439-440，乾隆四十七年

孝敬。[85]另一方面，自乾隆四十年（1775）起任職於戶部的和珅，也是甘肅官員的賄賂對象，和珅影響乾隆朝晚期的政局甚鉅，朝臣多有奔走於和門者，[86]坊間傳言「勒爾謹、王亶望皆和珅死黨」，[87]有趁職務之便包庇甘肅案之嫌。

值得注意的是，與和珅私交甚篤的陝西巡撫畢沅（1730-1797），[88]曾分別於王亶望、王廷贊任甘肅布政使時，兩度署理陝甘總督印務，卻未因此而遭革職查辦。乾隆皇帝僅以密旨質問畢沅「久任西安，既係臨省，又屢署總督印務」，何以對甘肅案置若罔聞，要求他「自行議罪」。[89]議罪銀係由乾隆皇帝獨創，在

---

85 中國第一歷史檔案館編，《乾隆朝上諭檔》，冊6，頁29，乾隆五十一年二月八日，內閣奉上諭。

86 唐文基、羅慶泗，《乾隆傳》（臺北：臺灣商務，2015），頁348-355。

87 清‧徐珂，《清稗類鈔》（上海：商務印書館，1917），冊11，卷32，〈諫諍‧錢灃劾畢沅〉，頁35。

88 畢沅，號秋帆，與和珅私交甚篤，可從清人筆記窺知一二。《世載堂雜憶》載：「當時走和珅相之門，壯年出任封疆者，以畢秋帆沅、阮伯元元為最得意。和珅任大軍機，秋帆為軍機章京打那蔑（領班小軍機），與和接近，最器重之。畢於和珅事敗前死，和珅家產沒收，秋帆家亦列單查抄。嘉慶帝曰：『使畢沅若在，當使其身首異處。』」《郎潛記聞》亦載：「秋帆制府愛古憐才，人所共仰，其交和珅，懾於權勢，未能泥而不滓，亦人所共知。」參見清‧劉禺生撰，錢實甫點校，《世載堂雜憶》（北京：中華書局，1990），〈和珅當國時之鬻翰林〉，頁24；清‧陳康祺撰，褚家偉、張文玲點校，《郎潛紀聞‧二筆》（北京：中華書局，1990），卷11，〈畢秋帆壽和珅詩〉，頁520。

89 畢沅自行議罪，上奏表明自己「溺職辜恩」，願繳銀三萬兩「少贖前愆」，並於養廉銀內再罰出二萬兩，分做三年繳納，「俾嗣後隨時少知警惕，蓋加慎重」，為乾隆皇帝同意；而畢沅所繳納的議罪銀，乾隆皇帝下旨直接移交甘肅作為軍需之用。中國第一歷史檔案館編，《乾隆朝懲辦貪污檔案選編》，冊2，頁1283，〈寄諭畢沅著於甘肅置若罔聞之處自行議奏〉，乾隆四十六年七月十七日；同書，頁1303，〈署陝西巡撫畢沅奏謝恩准自行議罪並請繳銀少贖前愆摺〉，乾隆四十六年七月二十三日；同書，頁1350，〈寄諭李侍堯等著畢沅將認繳銀兩解甘

受皇帝重用的督撫大員犯罪時，凡自行議罪者便可獲得寬宥，以示小懲大誡。[90]乾隆皇帝先行要求畢沅議罪，即是表達不欲深究之意，而和珅應有居中緩頰之功。[91]乾隆四十六年十二月，御史錢灃具本彈劾畢沅，曰：

> 現任陝西巡撫畢沅前任陝西巡撫時，曾奉命往署督篆，以陝甘接壤，折捐冒賑紛紛肆行無忌已久，宜有風聞。迨親握督篆，非同朝夕，一切錢糧案件，歸其覈定咨題，當不啻燎若觀火，乃不亟為遏止。……況畢沅實署督篆，非若僅為道府，猶或藉口以為受制上司，是其罪較之捏結各員，尤覺無減。[92]

錢灃質疑畢沅曾經辦甘肅錢糧事務，卻未遏止甘肅官員侵貪冒賑的行為，請求比照勒爾謹、王亶望等首犯議處；大學士、九卿、科道會議也查明畢沅的確「知而不舉」，建議「革職，發往新疆效力贖罪」。[93]乾隆皇帝卻力排眾議，以「王亶望等一案內，內

作為動支軍需用〉，乾隆四十六年七月三十日。

[90] 議罪銀詳細執行的情況，參見郭成康，〈18世紀後期中國貪污問題研究〉，頁19-20；胡序震，〈清代議罪銀制度研究〉，頁4-20。

[91] 《清稗類鈔》記有：「乾隆末，甘肅冒賑一案，……時畢沅方撫陝，具知其事，然以勒爾謹、王亶望皆和珅死黨，畢亦奔走和門者，故明知之而不敢言。……畢終以有奧援故，竟免議處。」當可作為畢沅仰賴和珅之奧援的旁證。參見清‧徐珂，《清稗類鈔》，冊11，卷32，〈諫諍‧錢灃劾畢沅〉，頁35。

[92] 清‧錢灃，《錢南園先生遺集》，卷4，〈劾陝撫疏〉，頁4a-5b。

[93] 中國第一歷史檔案館編，《乾隆朝懲辦貪污檔案選編》，冊2，頁1767-1768，

外大臣皆知而不舉，朕亦不肯獨歸罪於畢沅一人耳」為由，從寬將畢沅「降為三品頂戴，仍留陝西巡撫之任，所有應得職俸、養廉，永行停支，以示懲創」。[94]

乾隆皇帝對畢沅的寬仁並非特例。乾隆四十五年（1780），雲貴總督李侍堯遭舉報貪污受賄，罪刑查明後，大學士、九卿與各省督撫幾乎都認為「李侍堯歷任封疆用為大學士，數十年來沐恩最重，乃敢敗檢，喪心婪贓至盈千累萬」，主張將其立正典刑，以彰國憲。[95]乾隆皇帝卻指出，李侍堯「身任總督二十餘年」，「且其先世李永芳於定鼎之初，歸誠宣力，載在旗常，尤非他人所可援比」，仍將李侍堯判處斬監候，於隔年秋後處決。[96]乾隆四十六年，因甘肅官員未能平定回變，而命「能理繁治劇」的李侍堯以三品頂戴暫管陝甘總督，[97]其後，在甘肅案爆發時，李侍堯也與阿桂奉命查明案情。乾隆皇帝屢言：「此時惟阿桂、李侍堯，為中外最能辦事之人」，[98]諭曰：

〈大學士三寶等奏議畢沅於甘案知而不舉請革職發往新疆效力並查封家產賠抵官項摺〉，乾隆四十六年十二月十八日。

[94] 中國第一歷史檔案館編，《乾隆朝懲辦貪污檔案選編》，冊2，頁1775，〈諭內閣著畢沅降為三品頂戴留任並將其應得職俸養廉永行停止〉，乾隆四十六年十二月二十二日。

[95] 中國第一歷史檔案館編，《乾隆朝懲辦貪污檔案選編》，冊1，頁1123，〈署雲南巡撫劉秉恬題覆請照大學士九卿擬將李侍堯即行正法本〉，乾隆四十五年九月初六日。

[96] 中國第一歷史檔案館編，《乾隆朝懲辦貪污檔案選編》，冊1，頁1177-1178，〈諭內閣著將李侍堯從寬即定為斬監候秋後處決〉，乾隆四十五年十月初三日。

[97] 清‧阿桂等奉敕撰，《欽定蘭州紀略》，卷4，頁22a-b，乾隆四十六年四月二十七日庚午，上諭內閣。

[98] 中國第一歷史檔案館編，《乾隆朝懲辦貪污檔案選編》，冊2，頁1207，〈寄諭

此事積弊已久，通省大小官員無不染指有罪，但斷不能因罰不及眾，輒以人多不辦為辭。即從前結報道府、此時已經陞調人員，亦屬無幾，無難查明治罪，況中外人才不乏，斷無少此數人便不能辦事之理。即如李侍堯因其尚有才幹，是以棄瑕錄用，亦千百中之一耳，他人豈可比乎，然出自朕之特恩，則可非他人所可比擬。[99]

展現對李侍堯的看重，也說明維持國家的穩定方是首要之務。[100]實際上，甘肅案中因親屬過犯被乾隆皇帝要求自行議罪的督撫不在少數，山西巡撫雅德（1732-1801）、[101]署倉場侍郎書麟（？-1801）即因其弟涉入甘肅案，上奏自行議罪；[102]閩浙總督陳輝祖（1732-

---

阿桂等著將監糧案實在情形查明具奏〉，乾隆四十六年六月初十日。

[99] 中國第一歷史檔案館編，《乾隆朝懲辦貪污檔案選編》，冊2，頁1208，〈寄諭阿桂等著將收捐監糧案內冒銷勒買並矇混出結之道府嚴切跟究指名參奏〉，乾隆四十六年六月十三日。

[100] 李侍堯獲罪、起復的歷程與乾隆皇帝懲治的思考，參見孟姝芳、章文永，〈清代皇權專制下官員的議罪和復起——以乾隆朝李侍堯為例〉，《吉林師範大學學報（人文社會科學版）》，2019：2（長春，2019.3），頁15-22。

[101] 中國第一歷史檔案館編，《乾隆朝懲辦貪污檔案選編》，冊2，頁1504，〈寄諭山西巡撫雅德著准其自請交銀及代伊弟完交賠項並著寬免議處〉，乾隆四十六年九月初二日。

[102] 乾隆皇帝在譴責閔鶚元、陳輝祖的諭旨中曾提及書麟因其弟獲罪「即行具摺自陳」認賠議罪銀，參見中國第一歷史檔案館編，《乾隆朝懲辦貪污檔案選編》，冊2，頁1728，〈寄諭陳輝祖閔鶚元各於其弟貲財矇混欺飾事明白回奏並再自行議罪摺〉，乾隆四十六年十一月二十三日。又，書麟自陳摺僅可見於中國第一歷史檔案館目錄，參見中國第一歷史檔案館技術部攝影，《軍機處滿文錄副奏摺‧乾隆朝》，檔號：03-0189-2892-032，〈倉場侍郎書麟‧奏為免罪並准賠補銀兩而謝恩摺〉，乾隆四十六年九月初六日。

1783）、江蘇巡撫閔鶚元則因隱匿其弟犯行，[103]除了仍須繳納議罪銀外，還被降品罰俸。[104]

王廷贊雖遭判處絞決，但他的立場與態度實值得進一步探究。乾隆皇帝指責王廷贊身為甘肅布政使，「效尤作弊，雖未收受屬員銀兩，亦有派買物件，並加收心紅紙張銀兩之事」。[105]不過，王廷贊自乾隆初年出仕以來，素有官聲，「凡興利除弊之事，無不竭力勇為」，甘肅人民甚至有私立王廷贊「長生祿位牌以祀之者」。[106]王廷贊「一生歷任不出甘省」，對「甘肅之官吏積弊知之最詳」，[107]在通省折色捐監、捏災冒賑的情況下，自陳「未領過〈實收〉一張，也不曾報過災」，[108]說明他「慨然以清

---

[103] 中國第一歷史檔案館編，《乾隆朝懲辦貪污檔案選編》，冊2，頁1743-1744，〈諭內閣著寬免閔鶚元革職治罪及呈繳家產〉，乾隆四十六年十二月初四日。

[104] 中國第一歷史檔案館編，《乾隆朝懲辦貪污檔案選編》，冊2，頁1836，〈諭內閣著將陳輝祖閔鶚元各降為三品頂戴留任永行停止應得職俸養廉〉，乾隆四十七年正月初三日。

[105] 中國第一歷史檔案館編，《乾隆朝懲辦貪污檔案選編》，冊2，頁1348-1349，〈諭內閣著將王亶望即處斬勒爾謹令其自盡王廷贊絞監候〉，乾隆四十六年七月三十日。

[106] 文鎰修，范炳勳等纂，《（民國）綏中縣志》（據民國十八年〔1929〕鉛印本影印，收入《中國地方志集成‧遼寧府縣志輯》，冊23，南京：鳳凰出版社，2006），卷12，〈人物‧王廷贊〉，頁5b。王廷贊在諸多方志中皆官聲卓著，如《鎮原縣志》載王廷贊「精明廉潔，到處有聲，人方之」，參見清‧李從圖纂修，《（道光）鎮原縣志》（據道光二十七年〔1874〕刻本影印，收入《中國地方志集成‧甘肅府縣志輯》，冊25，南京：鳳凰出版社，2008），卷2，〈官師表〉，頁24a。

[107] 王晶辰主編，《遼寧碑誌》（瀋陽：遼寧人民出版社，2002），〈綏中甘肅布政使王廷贊墓表〉，頁314-315。

[108] 中國第一歷史檔案館編，《乾隆朝懲辦貪污檔案選編》，冊2，頁1263-1264，〈軍機大臣奏呈王廷贊程棟供詞片附件：王廷贊程棟供詞〉，乾隆四十六年七月十二日。

廉為已任」的態度。[109]乾隆四十二年（1777），王廷贊陞任甘肅布政使後，便曾向勒爾謹反映王亶望所遺留的諸多弊竇。王廷贊供稱：

> 我接王亶望交代，庫裡短少三千兩銀子，我不肯接收。他說：「修理衙門去用了。」我說：「你修理衙門是派首縣辦的，怎麼要開銷工項？」後來面稟勒總督，總督說：「他報過文書，是有的。」我也只得隱忍了。[110]

清制，司道府州縣新舊官交接之時，舊官應在新任官員抵達任所後，「交割戶口、錢糧、刑名等項，及應有卷宗、籍冊」，[111]清查無誤後方得離任；若「前官任內有侵盜、透冒、那移、墊解及拖欠未清等弊」，繼任者則需在交接之時便立即上報，一旦在交接完畢後才查出，則「罪坐接任官，前任官不議侵盜」。[112]王廷贊雖按律上報，卻在勒爾謹的壓力下，只能隱忍不發；[113]在接任

---

[109] 王晶辰主編，《遼寧碑誌》，〈綏中甘肅布政使王廷贊墓表〉，頁314-315。

[110] 中國第一歷史檔案館編，《乾隆朝懲辦貪污檔案選編》，冊2，頁1270，〈軍機大臣奏呈刑赫王廷贊程棟所錄供詞片附件：王廷贊程棟供詞〉，乾隆四十六年七月十三日。

[111] 清‧徐本等奉敕修，《大清律例》，卷6，〈吏律‧職制‧官員赴任期限〉，頁132。

[112] 清‧清高宗敕撰，《欽定大清會典則例》（收入《景印文淵閣四庫全書》，冊620，北京：中華書局，1983），卷37，〈戶部‧田賦〉，頁21b。

[113] 清中葉時人章學誠（1738-1801）記有：「又前此西捐冒賑，破案州縣抵罪甚多，固不為枉。但聞有初任人員，前官已多虧空，其人拘謹，不肯接收，大吏責令肩承，許其冒賑抵補，補後亦未再捐，其後竟罹重罪，無可申冤。」章學誠的

之初，王廷贊也曾因州縣收捐「有折色包攬弊竇」，建議勒爾謹奏請停捐，卻遭勒爾謹以「將來猝遇災賑」為辭否決。[114]

　　雖然王廷贊已知折色弊端，但受制於總督與地方財政需求而「不能革」，[115]無力與官場的陋習抗衡，只能堅持自身風骨。王廷贊亦言明揭發王亶望的困難，曰：

> 我做過王亶望屬員，後來又接他的任，原曉得王亶望這些貪婪舞弊，但其形跡詭秘，無處尋他的確據。即如蔣全迪做蘭州府，一切報災及商議事件，俱是他從中提倡，與王亶望狼狽作奸，原是通省各官都知道的。但要指出他哪一樁事是他二人通同辦理、得贓若干，卻又不能指實。[116]

在勒爾謹的默許下，王亶望、蔣全迪得以勾通州縣；王廷贊接任後，即便有意改弦易轍，但勒爾謹仍握有最終的裁量權。若王廷

紀錄與初任甘肅布政使的王廷贊經歷高度相似，雖難以確認「初任人員」是否為王廷贊，但受「大吏責令肩承」，概括承受前任官員虧空者，當不止王廷贊一例，顯見清朝官場辦理虧空的普遍模式。參見清・章學誠，〈上執政論時務書〉，收入章學誠，《章學誠遺書》（據吳興嘉業堂劉承幹刊章氏遺書本斷句影印，北京：文物出版社，1985），頁327。

[114] 中國第一歷史檔案館編，《乾隆朝懲辦貪污檔案選編》，冊2，頁1281，〈軍機大臣奏呈勒爾謹供詞片附件：勒爾謹供詞〉，乾隆四十六年七月十七日。

[115] 《清史稿》記有：「繼任布政使王廷贊知其弊，不能革；事覺，置亶望、勒爾謹、廷贊於法，官吏緣是罷黜者數十人。」參見趙爾巽等撰，《清史稿》（北京：中華書局，1989），卷112，〈選舉志・捐納〉，頁3245。

[116] 中國第一歷史檔案館編，《乾隆朝懲辦貪污檔案選編》，冊2，頁1263-1264，〈軍機大臣奏呈王廷贊程棟供詞片附件：王廷贊程棟供詞〉，乾隆四十六年七月十二日。

贊貿然參奏甘肅闔省侵貪，乾隆皇帝在盛怒之下必然派員勘查，恐也只會獲得查無異狀的結果，是以王廷贊也只能相沿甘肅慣習。從中，即可顯見勒爾謹在甘肅案中的關鍵地位，即便王廷贊身任正二品布政使，仍難以與總督在地方上的權威相抗衡。不過，自乾隆四十二年起，甘肅收捐人數便逐年下降，或可視為是王廷贊將捐監改歸首府辦理，直接將通省捐監置於布政使的控制之下，試圖逐步停止甘肅折色冒賑的情弊。

乾隆年間，地方日常辦理的常平捐監與賑濟制度，在防弊的前提之下，按照「督撫－藩臬－道府－州縣」的次序，建立日常文書傳遞順序，卻在甘肅大員的主導下破壞殆盡。勒爾謹與王亶望利用省級長官的權力，驅使下屬捏造文書，上瞞皇帝，下欺百姓，共同隱瞞甘肅的實況。對此，乾隆皇帝嚴厲懲處甘肅大員，為甘肅案專設一套懲處標準，區分各人在省級大員脅迫之下的作為，凡主動迎合捏報、侵貪者，罪刑往往比律例規範的更為嚴重；受藩司脅迫，僅辦理捐監者，仍獲得留用。說明乾隆皇帝明瞭在省級大員的脅迫之下，道府州縣官員往往只能依指示而行。因此，乾隆皇帝也要求新任陝甘總督李侍堯嚴格督率下屬，充分掌握各州縣雨水情形，凡「有遇旱歲歉」需當即奏報，切不可使地方官員「視報災為常例」，再有捏災冒賑之舉。[117]

其次，總督、布政使帶頭折色收捐、捏災冒賑，又任意變換

---

[117] 中國第一歷史檔案館編，《乾隆朝上諭檔》，冊10，頁801，乾隆四十六年九月三十日，奉上諭。

捐納、賑濟制度的文書流程之舉，促使乾隆皇帝必須重申國家制度的常規秩序。在官場秩序方面，為防範有心人士效尤，甘肅官員侵貪的手法雖詳載於寄信上諭、奏摺中，卻不見於明發上諭。乾隆皇帝曾作〈言志〉詩云：「冒賑兼剝民，自取罪應償，然予慮因咽，廢食益非當。」擔心嚴懲甘肅案首犯，會使各督撫因顧慮聖意，「因咽廢食，致將災賑之事靳固不舉」，是以務求在「剔除官吏積弊」的同時，仍使百姓可以「實受賑濟之益」。[118]為此，乾隆皇帝屢屢告誡各省督撫，賑濟事宜牽涉朝廷「惠養黎元之政」，「斷不可因有甘省監糧之案，遂爾因噎廢食」，對災賑之事「稍有諱飾」。[119]

與此同時，乾隆皇帝也重新調整捐監規範，針對「明知折色違禁」仍於甘肅報捐者，原擬停科三年，以示懲戒；[120]在大臣的勸說下，決議重新給予甘肅案報捐者「自新之路」，凡在五年內以原名於戶部再次報捐者，則免停科之處分，僅需補足與戶部額定108兩捐額的價差，「即給與執照，許其科考」。[121]為不使折

---

118 清·清高宗御製，清·董誥等奉敕編，《御製詩集·四集》，卷84，〈言志〉，頁13a-14a。

119 中國第一歷史檔案館編，《乾隆朝懲辦貪污檔案選編》，冊2，頁1262，〈諭內閣著各督撫遇有地方水旱即詳勘據實奏報加意賑恤斷不可稍有諱飾〉，乾隆四十六年七月十二日。

120 中國第一歷史檔案館編，《乾隆朝懲辦貪污檔案選編》，冊2，頁1434，〈諭內閣著將甘省三十九年以來所捐監生分別停止鄉會試三科及罰俸等由通諭中外〉，乾隆四十六年八月十八日。

121 中國第一歷史檔案館編，《乾隆朝懲辦貪污檔案選編》，冊2，頁1646，〈諭內閣著從前甘報捐監生於五年限內另照在部捐監之數繳足即許其科考〉，乾隆四十六年十月初一日。

色捐監之舉重演，乾隆皇帝另停止外省收捐，僅保留戶部作為收納監生的管道。[122]

甘肅案揭示制度始終仰賴人事從中解釋、運作，乾隆皇帝在需要藉由制度維持國家統治的前提之下，就必須強化人員的管控。是以乾隆皇帝一再強化與官員之間的個人關係，並一改以議罪銀私下處置的方式，明旨譴責「知情不舉」的督撫大員「祇知有手足之私情，而不知有君臣之大義」，藉此告誡官員務必以「君臣大義」為先，[123]切莫重蹈甘肅案覆轍。此外，乾隆皇帝在流放王亶望之子後，要求伊犁將軍「斷不可照顧、給以生計份額」，亦不可「令其娶妻晏然而居，惟折挫役使，雖餓死不足惜」，表達他對王亶望的深惡痛絕。[124]伊犁將軍訪查後，覆奏王亶望之子僅能「勉強度命」，生計無人資助，乾隆皇帝方未加深究。[125]在王亶望深受重用時，乾隆皇帝對他讚譽有加，[126]一朝獲

---

[122] 中國第一歷史檔案館編，《乾隆朝懲辦貪污檔案選編》，冊2，頁1434，〈諭內閣著將甘省三十九年以來所捐監生分別停止鄉會試三科及罰俸等由通諭中外〉，乾隆四十六年八月十八日。陝西省也同步停捐，參見中國第一歷史檔案館編，《乾隆朝懲辦貪污檔案選編》，冊2，頁1566，〈諭內閣著一併停止陝西省收捐監糧〉，乾隆四十六年九月十三日。

[123] 中國第一歷史檔案館編，《乾隆朝懲辦貪污檔案選編》，冊2，頁1836，〈諭內閣著將陳輝祖閔鶚元各降為三品頂戴留任永行停止應得職俸養廉〉，乾隆四十七年正月初三日。

[124] 中國第一歷史檔案館編，《乾隆朝滿文寄信檔譯編》，冊15，頁662，〈寄諭伊犁將軍伊勒圖著奏聞王亶望子於伊犁度日情形〉，乾隆四十七年六月二十八日。

[125] 中國第一歷史檔案館、中國邊疆史地研究中心合編，《清代新疆滿文檔案彙編》（桂林：廣西師範大學出版社，2012），冊153，頁237-239，〈伊犁將軍伊勒圖·覆奏原甘肅布政使王亶望諸子來伊犁後生計無人資助庇護摺〉，乾隆四十七年十月二十七日。

[126] 在王亶望履歷檔中，乾隆皇帝屢屢稱讚「此人竟有出息，好的」、「竟好，王師

罪，卻認為王亶望之子「雖餓死不足惜」。乾隆皇帝前後截然不同的態度，向朝臣展現既可使官員榮寵一時，但也可能隨時使之身敗名裂的威權。

　　整體而言，乾隆皇帝在處置甘肅案時，面對督撫藩臬任意更動制度規範的文書流程，利用省級大員溝通地方與中央的職權，聯合通省上下成為一個集團，仍然以慣用的嚴飭屬下、重申官場規範、強化個人關係等方式，來進行控制。[127]實際上，乾隆皇帝只需要嚴格懲治貪污便可結案，法外開恩不啻使侵貪官員敢為所欲為。不過，乾隆皇帝巧妙地利用甘肅案，向官員宣示皇帝的意志凌駕於法律之上，透過嚴格懲治侵貪官員，讓官員體認皇帝握有生殺予奪之權；有條件的赦免，則使蒙皇帝恩典的官員，更加服膺於皇權的控制之下，亦可藉此向眾臣宣示皇恩的浩蕩。道光朝大學士呂賢基（?-1853）在提及乾隆皇帝統治技術時，即言：

　　　　高宗飭紀綱、嚴法令，於凡貪婪斯罔、專擅之臣，必嚴治
　　　　其罪，若訥親、王亶望、李因培、楊應琚、福崧之案最為
　　　　果決，國史具在可考而知斯，當日大小臣工所以悚惕靡

之子，將來有出息」、「可勝此任」、「甚好的」；乾隆三十九年甘肅開捐時，乾隆皇帝亦指出辦理捐監「必須能事之藩司實力經理，方為有益」，特調王亶望為甘肅藩司辦理捐監，說明皇帝對他的看重。參見秦國經主編，《中國第一歷史檔案館藏清代官員履歷檔案全編》（上海：華東師範大學出版社，1997），冊2，〈乾隆朝・王亶望〉，頁182上；中國第一歷史檔案館編，《乾隆朝上諭檔》，冊7，頁578，乾隆三十九年四月十八日，大學士等字寄陝甘總督。

[127] 孔復禮（Philip Kuhn）著，陳兼、劉昶譯，《叫魂：乾隆盛世的妖術大恐慌》（臺北：時英出版社，2000），頁276-279。

遑，而不敢為非也。[128]

　　雖然乾隆皇帝未因甘肅案而對國家制度的缺失進行調整，但透過先嚴懲後施恩的手段，仍使大小臣工不敢妄動，更可藉此告誡官僚體系、維繫君主形象，達到裨益統治的目的。

---

[128] 清・呂賢基，《呂文節公（鶴田）奏議》（據清刊本影印，收入沈雲龍主編，《近代中國史料叢刊》，輯8，冊72-73，臺北：文海出版社，1967），卷1，〈釋服有期請加修省疏〉，頁66b。

▌結論

　　十八世紀清朝疆域顯著擴張，區域性的差異擴大，國家治理的難度提升，尤以位處西北邊疆的甘肅最為明顯。西北邊境頻繁的軍事活動大量消耗地方儲糧，造成甘肅糧食儲備短缺，又兼天災頻仍，在在考驗地方官員的治理能力，以致於甘肅長年仰賴捐納與賑濟支應地方日常需用。此一特殊的社會經濟環境，當是甘肅布政使王亶望（？-1781）得以勾通闔省捐監冒賑的溫床。

　　面對疆域廣懋的帝國，乾隆皇帝（弘曆，1711-1799，1735-1796在位）為提升辦理事務的效率，改變原先由中央負責辦理捐納、賑濟的模式，將事權下放，交由省級民政長官布政使主持，朝廷則改以督撫題報掌握各地情形。此一調整雖精簡行政程序，卻提供地方大員可趁之機。清朝布政使「掌一省之政事、錢穀之出納」，凡「朝廷有德澤禁令，承流宣布以達於有司」，一切政務皆須「與督撫會議，經畫而行之」，[1]在地方扮演向上對朝廷、

---

[1]　清・清高宗敕修，《皇朝通典》（收入《景印文淵閣四庫全書》，冊642，臺北：臺灣商務印書館，1983），卷34，〈職官・司道・承宣布政使司布政使〉，頁1a-b。

督撫負責，向下治理道、府、州、縣的角色。乾隆年間，奏摺制度的擴大使用，使省級官員躋身摺奏之列，卻因乾隆皇帝對官僚行政倫理的重視，導致布政使摺奏內容被限縮，僅能定期上奏雨水錢糧、民數田數等地方民生訊息。不過，布政使作為督撫與地方官員溝通的橋樑，有考核屬員、審閱州縣呈文之權，在地方行政體系中實具關鍵地位。在一般情況下，布政使有督撫箝制，自是不敢胡作非為，但甘肅布政使王亶望卻藉職務之便，利用辦理捐納、賑濟的機會，要求屬員私收折色、捏災冒賑，因省級中一應文書係由王亶望負責，且總理省政的陝甘總督勒爾謹（1719-1781）對王亶望的異常舉措曲意迴護，導致地方官員告訴無門，而朝廷用以查核與防弊的題本與奏摺更是淪為具文，反映縱使皇帝得以透過密奏制度掌握訊息，仍難以深入地方行政慣習的每個細節。

　　對於甘肅捐監人數的異常，乾隆皇帝並非沒有察覺。事實上，早在甘肅開捐之時，乾隆皇帝便因王亶望所報捐監人數要求勒爾謹調查，但在勒爾謹說明下遂未予深究。案發之後，乾隆皇帝曾多次公開表示已事先掌握甘肅案，無論是否為乾隆皇帝粉飾之辭，但直到阿桂（1717-1797）、李侍堯（？-1788）為平定回變抵達甘肅，藉由私下探查，方有機會打破甘肅官場相互迴護的行政慣習，得以徹查此案。只是，乾隆皇帝固然可以將甘肅官員的作為歸咎於官員貪婪、便宜行事，但卻無法迴避甘肅的地緣因素，地理條件欠佳的邊陲省份、需以金錢打通官場的地方大員、始終受

制於上官調補權而難以離開的基層官員，都構成甘肅官場特殊的政治文化；再加上距離京師千里之遙且緊密相結的地方人際網絡，都使捐納、賑濟、文書制度在此有著相對較大的縫隙，成為地方官員任意解釋、相互勾結的溫床。面對甘肅官員任意調整制度，乾隆皇帝必須再次確保對制度的控制，方能持續透過制度治理幅員廣懋的帝國。因此，乾隆皇帝仍以文書制度維繫統治，藉以向朝臣宣告，制度並未因甘肅案而失效，仍在國家治理中扮演重要的角色；另一方面，在遵循制度的同時，乾隆皇帝也加入自身的意志，昭示皇帝的統治權威始終凌駕於制度之上，藉此告誡朝臣，務必以甘肅案為戒，並確保制度得以被各級官員有效落實。

在鞏固統治的前提下，乾隆皇帝必須強勢介入甘肅官員因利益而形成的人際網絡，維繫統治權威，確保皇帝的意志得以落實。乾隆皇帝透過「寬嚴相濟」的手段，一方面加重省級官員及罪行嚴重者的懲處，以此達到「以刑止刑」的效果；另一方面則開恩豁免其餘情節較輕的涉案官員，藉以昭示盛世，也使朝臣再次體認皇恩浩蕩。孔復禮曾評斷乾隆皇帝所謂「寬嚴相濟」的中庸之道，實際上是在寬仁與嚴厲之間來回擺盪，以此對官僚群體進行個人控制。在甘肅案中，乾隆皇帝即透過寬嚴相濟的手法處置，透過擱置法律條文的規定、恩赦涉案官員的統治手段，昭示皇權凌駕於法律之上；不按照法律條文行事，也讓朝廷官員無以掌握皇帝處置案件的準則，替皇權蒙上一層神祕的面紗。

在省級政治中握有相當權力的布政使與督撫聯合操作之下，甘肅官員得以任意變換既有的文書制度，使朝廷難以即時應對。為此，乾隆皇帝透過鞭策、恫嚇、責備、處罰各級官員，重申皇權的控制，卻未必達到預期中的效果。乾隆四十七年（1782）七月，乾隆皇帝查閱王亶望查抄家產清冊時，不見從前發還「王亶望節次貢獻器物」。[2] 幾經追查下，發現竟是負責抄家的閩浙總督陳輝祖（1732-1783）任意抽換、隱匿王亶望家產。對此，乾隆皇帝痛斥陳輝祖身為督撫大員，竟甘願做一「盜臣」，遂將他處以斬監候，秋後處決。[3] 由陳輝祖的監守自盜案，[4] 可見乾隆皇帝藉由甘肅案展現的威權，並未在陳輝祖身上發揮效用，同時也反映了制度性的問題仍在，乾隆皇帝限制布政使摺奏之權，使密奏制度不復原先督撫藩臬相制的功能，進一步導致自身耳目蔽錮，難以掌握地方實際的辦事情形。

本文從制度與國家治理層面重新檢視甘肅案，「一氣通下上」反映的不只是乾隆皇帝對甘肅案的認知，更凸顯制度與人事的交互作用，當握有權力的布政使任意變更行政流程，朝廷既有

---

[2] 清·慶桂等修，《清實錄·高宗純皇帝實錄》（北京：中華書局，1986），卷1161，頁554a-b，乾隆四十七年七月二十二日丁巳。

[3] 中國第一歷史檔案館編，《乾隆朝懲辦貪污檔案選編》（北京：中華書局，1994），冊3，頁2820，〈諭內閣著嚴禁各省督撫呈進金器與借辦貢名色勒派屬員違者決不寬貸〉，乾隆四十七年十二月初二日。

[4] 陳輝祖侵貪王亶望家產的清單，參見中國第一歷史檔案館編，《乾隆朝懲辦貪污檔案選編》，冊3，頁2500-2502，〈浙江布政使盛住·奏報續行查出陳輝祖抄冊案不符顯有情弊摺附件：底冊內所載解京冊內短少各件清單〉，乾隆四十七年八月二十八日。

的文書制度便難以應付。清朝皇帝的統治策略隨著政治局勢與制度變遷而調整，甘肅案即展現乾隆皇帝因辦理案件的需要，以「寬嚴並濟」的統治手段，凌駕法律條文之上，透過上諭建立盛世形象，以維護統治權力。

▋ 參考文獻

一、檔案史料

【檔案資料】

《清三藩史料》，收入北平故宮博物院編，《文獻叢編》，下冊，臺北：國風出版社，1964。

清・庫勒納等奉敕撰，《清代起居注冊・康熙朝》，臺北：聯經出版事業公司，2009。

中國第一歷史檔案館編譯，《康熙朝滿文硃批奏摺全譯》，北京：中國社會科學出版社，1996。

中國第一歷史檔案館編，《雍正朝起居注冊》，北京：中華書局，1993。

國立故宮博物院珍藏，《清代起居注冊・雍正朝》，臺北：聯經出版事業公司，2015。

中國第一歷史檔案館編，《雍正朝漢文硃批奏摺彙編》，上海：江蘇古籍出版社，1989。

中國第一歷史檔案館譯編，《雍正朝滿文硃批奏摺全譯》，合肥：黃山書社，1998。

中國第一歷史檔案館技術部攝製，《軍機處錄副奏摺・乾隆朝》，北京：中國第一歷史檔案館，1986。

中國第一歷史檔案館編，《乾隆朝上諭檔》，北京：檔案出版社，1991。

中國第一歷史檔案館編，《乾隆朝懲辦貪污檔案選編》，北京：中華書局，1994。

中國第一歷史檔案館編，《乾隆帝起居注》，桂林：廣西師範大學出版社，2002。

中國第一歷史檔案館編，《乾隆朝滿文寄信檔譯編》，長沙：嶽麓書社，
　　2011。

中國第一歷史檔案館編，《嘉慶道光兩朝上諭檔》，桂林：廣西師範大學
　　出版社，2000。

中國第一歷史檔案館技術部攝製，《宮中硃批奏摺‧財政類》，北京：中
　　國第一歷史檔案館，1987。

中國第一歷史檔案館、中國社會科學院中國邊疆史地研究中心、新疆博爾
　　塔拉蒙古自治州地方誌編纂委員會編，《清代西遷新疆察哈爾蒙古滿
　　文檔案譯編》，北京：全國圖書館文獻微縮複製中心，1994。

中國第一歷史檔案館、中國邊疆史地研究中心合編，《清代新疆滿文檔案
　　彙編》，桂林：廣西師範大學出版社，2012。

秦國經主編，《中國第一歷史檔案館藏清代官員履歷檔案全編》，上海：
　　華東師範大學出版社，1997。

趙爾巽等撰，《清史稿》，北京：中華書局，1989。

王晶辰主編，《遼寧碑誌》，瀋陽：遼寧人民出版社，2002。

《大清國史人物列傳及史館檔傳包傳稿資料庫》，臺北：國立故宮博物院。

《內閣大庫檔案資料庫》，臺北：中央研究院歷史語言研究所。

《清代宮中檔奏摺及軍機處檔摺件資料庫》，臺北：國立故宮博物院。

【官書典籍】

漢‧鄭玄注，《周禮》，據上海涵芬樓借長沙葉氏觀古堂藏明覆元岳氏
　　荊溪刻本影印，收入《四部叢刊‧初編》，冊3，上海：上海書店，
　　1989。

明‧申時行等纂，《（萬曆）大明會典》，臺北：東南書報社，1963。

明‧徐學聚編，《國朝典彙》，據中國科學院圖書館藏明天啟四年〔1624〕
　　徐與參刻本影印，收入《四庫存目叢書》，冊264，臺南：莊嚴出版
　　社，1996。

清‧伊桑阿等修，《（康熙）大清會典》，收入沈雲龍等主編，《近代中

國史料叢刊・三編》，輯72，冊714，臺北：文海出版社，1992-1993。

清・鄂海等修，《六部則例全書》，康熙五十五年〔1716〕刻本，華盛頓：美國國會圖書館藏。

清・鄂爾泰等修，《清實錄・世宗憲皇帝實錄》，北京：中華書局，1986。

清・許容修，清・李迪等纂，《（乾隆）甘肅通志》，據乾隆元年〔1736〕刻本影印，收入《中國地方志集成・省志輯・甘肅》，冊1-2，南京：鳳凰出版社，2011。

清・徐本等奉敕修，《大清律例》，據乾隆五年〔1740〕殿本點校，收入劉海年、楊一凡等主編，《中國珍稀法律典籍集成・丙編》，冊1，北京：科學出版社，1994。

清・于敏中等修，《欽定戶部則例》，據乾隆四十六年〔1781〕武英殿刻本影印，收入故宮博物院編，《故宮珍本叢刊》，冊284-286，海口：海南出版社，2000。

清・阿桂等奉敕撰，《欽定蘭州紀略》，收入《景印文淵閣四庫全書》，冊362，臺北：臺灣商務印書館，1983。

清・允祹等奉敕撰，《欽定大清會典》，收入《景印文淵閣四庫全書》，冊619，臺北：臺灣商務印書館，1983。

清・清高宗敕撰，《欽定大清會典則例》，收入《景印文淵閣四庫全書》，冊620-625，臺北：臺灣商務印書館，1983。

清・清高宗敕撰，《欽定皇朝通典》，收入《景印文淵閣四庫全書》，冊642-643，臺北：臺灣商務印書館，1983。

清・陸曾禹原撰，清・倪國璉檢擇，清・蔣溥等潤刪，《欽定康濟錄》，收入《景印文淵閣四庫全書》，冊663，臺北：臺灣商務印書館，1983。

清・清高宗御製，清・彭元瑞等奉敕編，《御製文集・餘集》，收入《景印文淵閣四庫全書》，冊1301，臺北：臺灣商務印書館，1983。

清・清高宗御製，清・董誥等奉敕編，《御製詩集・四集》，收入《景印文淵閣四庫全書》，冊1308，臺北：臺灣商務印書館，1983。

清・慶桂等修，《清實錄・高宗純皇帝實錄》，北京：中華書局，1986。

清・永瑢等撰，《四庫全書總目》，北京：中華書局，1965。

清・托津等奉敕撰，《欽定大清會典事例（嘉慶朝）》，收入沈雲龍主
　　編，《近代中國史料叢刊・三編》，輯66，冊653，臺北：文海出版
　　社，1991。

清・黨行義原本，清・黃璟續修，清・朱遜志續纂，《（道光）續修山丹
　　縣志》，據道光十五年〔1835〕刊刻鈔本影印，收入《中國地方志集
　　成・甘肅府縣志輯》，冊46，南京：鳳凰出版社，2008。

清・李從圖纂修，《（道光）鎮原縣志》，據道光二十七年〔1874〕刻本影
　　印，收入《中國地方志集成・甘肅府縣志輯》，冊25，南京：鳳凰出
　　版社，2008。

臺灣銀行經濟研究室編，《福建省例》，據清同治間刻本排印，收入《臺
　　灣文獻叢刊》，第199種，臺北：臺灣銀行經濟研究室，1964。

清・繆荃孫，《雲自在龕筆記》，據民國間上海國粹學報社鉛印本《古學
　　匯刊》本影印，收入張廷銀、朱玉麒主編，《繆荃孫全集・筆記》，
　　南京：鳳凰出版社，2013。

文鎰修，范炳勳等纂，《（民國）綏中縣志》，據民國十八年〔1929〕鉛印
　　本影印，收入《中國地方志集成・遼寧府縣志輯》，冊23，南京：鳳
　　凰出版社，2006。

【筆記文集】

清・方觀承輯，《賑紀》，據清乾隆刻本影印，收入《四庫未收書輯
　　刊》，輯1，冊25，北京：北京出版社，1997。

清・萬維翰輯，《辦災辦賑規條》，乾隆三十九年〔1774〕芸規堂重刊刑錢
　　指南本，收入楊一凡、劉篤才編，《中國地方法律文獻・乙編》，冊
　　13，北京：世界圖書出版社，2009。

清・錢灃，《錢南園先生遺集》，據民國三年〔1913〕雲南圖書館刻雲南叢
　　書本影印，收入《清代詩文集彙編》，冊397，上海：上海古籍出版

社，2010。

清‧章學誠，《章學誠遺書》，據吳興嘉業堂劉承幹刊章氏遺書本斷句影印，北京：文物出版社，1985。

清‧徐棟輯，《牧令書》，據道光二十八年〔1848〕刊本影印，收入《官箴書集成》，冊7，合肥：黃山書社，1997。

清‧張集馨撰，杜春和、張秀清點校，《道咸宦海見聞錄》，北京：中華書局，1981。

清‧呂賢基，《呂文節公（鶴田）奏議》，據清刊本影印，收入沈雲龍主編，《近代中國史料叢刊》，輯8，冊72-73，臺北：文海出版社，1967。

清‧陳康祺撰，褚家偉、張文玲點校，《郎潛紀聞》，北京：中華書局，1990。

清‧歐陽兆熊、金安清撰，謝興堯點校，《水窗春囈》，北京：中華書局，1984。

清‧延昌，《知府須知》，清鈔本，收入楊一凡、劉篤才編，《中國古代地方法律文獻‧丙編》，冊15，北京：社會科學文獻出版社，2012。

清‧佚名，《蘭州風土記》，清光緒丁丑〔三〕年〔1877〕至丁酉〔十三〕年〔1897〕上海著易堂排印本，收入清‧王錫麒輯，《小方壺齋輿地叢鈔》，冊38，正編帙6，臺北：中央研究院歷史語言研究所傅斯年圖書館藏。

清‧徐珂，《清稗類鈔》，上海：商務印書館，1917。

清‧劉禺生撰，錢實甫點校，《世載堂雜憶》，北京：中華書局，1990。

民國‧何剛德撰，張國寧點校，《春明夢錄》，太原：山西古籍出版社，1997。

二、近人論著

【專書】

孔復禮（Philip Kuhn）著，陳兼、劉昶譯，《叫魂：乾隆盛世的妖術大恐慌》，臺北：時英出版社，2000。

王功，《清代寧夏地區自然災害與社會應對》，北京：中國社會科學出版社，2019。

史志宏，《清代戶部銀庫收支和庫存研究》，北京：社會科學文獻出版社，2014。

白彬菊（Beatrice S. Bartlett）著，董建中譯，《君主與大臣：清中期的軍機處（1723-1820）》，北京：中國人民大學出版社，2017。

伍躍，《中國的捐納制度與社會》，南京：江蘇人民出版社，2013。

艾永明，《清朝文官制度》，北京：商務印書館，2003。

吳四伍，《清代倉儲的制度困境與救災實踐》，北京：社會科學文獻出版社，2008。

周健，《維正之供：清代田賦與國家財政（1730-1911）》，北京：北京師範大學出版社，2020。

科大衛（David Faure）著，卜永堅譯，《皇帝和祖宗：華南的國家與宗族》，南京：江蘇人民出版社，2010。

唐文基、羅慶泗，《乾隆傳》，臺北：臺灣商務印書館，2015。

唐瑞裕，《清代乾隆朝吏治之研究》，臺北：文史哲出版社，2001。

孫家紅，《清代的死刑監候》，北京：社會科學文獻出版社，2007。

宮崎市定著，宋宇航譯，《科舉——中國的考試地獄》，杭州：浙江大學出版社，2019。

馬起華，《清高宗朝之彈劾案》，臺北：華岡出版社，1974。

高翔，《近代的初曙：18世紀中國觀念變遷與社會發展》，北京：故宮出版社，2013。

高翔，《康雍乾三帝統治思想研究》，北京：中國人民大學出版社，1995。

高王凌，《乾隆十三年》，北京：經濟科學出版社，2013。

張祥穩，《清代乾隆時期自然災害與荒政研究》，北京：中國三峽出版社，2010。

莊吉發，《清代奏摺制度》，臺北：國立故宮博物院，1979。

許大齡，《清代捐納制度》，收入沈雲龍主編，《近代中國史料叢刊・續編》，輯40，冊399，臺北：文海出版社，1966。

郭成康等，《乾隆皇帝全傳》，北京：學苑出版社，1994。

郭成康，《十八世紀的中國政治》，臺北：昭明出版社，2001。

陳寬強，《清代捐納制度》，臺北：三民書局，2014。

曾小萍（Madeleine Zelin）著，董建中譯，《州縣官的銀兩：18世紀中國的合理化財政改革》，北京：中國人民大學出版社，2020。

雲妍、陳志武、林展，《官紳的荷包──清代菁英家庭資產結構研究》，北京：中信出版集團，2019。

楊啟樵，《雍正帝及其密摺制度研究》，上海：上海古籍出版社，2003。

管守新，《清代新疆軍府制度研究》，烏魯木齊：新疆大學出版社，2002。

劉文鵬，《盛世背後：乾隆時代的偽稿案研究》，北京：人民出版社，2014。

劉文鵬，《清代驛站考》，北京：人民出版社，2017。

魏丕信（Pierre-Etienne Will）著，徐建青譯，《十八世紀中國的官僚制度與荒政》，南京：江蘇人民出版社，2006。

魏美月，《清乾隆時期查抄案件研究》，臺北：文史哲出版社，1996。

魏秀梅，《清代之迴避制度》，臺北：中央研究院近代史研究所，1992。

Guy, R. Kent. *Qing Governors and Their Provinces: The Evolution of Territorial Administration in China, 1644-1796.* Seattle: University of Washington Press, c2010.

Kahn, Harold L. *Monarchy in the Emperors Eyes: Image and Reality in the Ch'ien-lung Reign*. Cambridge, Massachusetts: Harvard University Press, 1971.

Perdue, Peter C. *China Marches West: the Qing Conquest of Central Eurasia*. Cambridge, Mass.: Belknap Press of Harvard University Press, 2005.

Wu, Silas H. L. *Communication and Imperial control in China: Evolution of the Palace Memorial System, 1693-1735*. Cambridge, Mass.: Harvard University Press, 1970.

【期刊論文】

山田耕一郎，〈清初の捐納——三藩の乱との關係を中心にして——〉，《駿台史學》，66，東京，1986.2，頁21-50。

尹航，〈晚清捐納制度研究〉，長春：吉林大學碩士論文，2005。

王志明，〈康熙雍正時期捐納考析〉，收入李國章、趙昌平主編，《中華文史論叢》，輯79，上海：上海古籍出版社，2005，頁287-320。

王雄軍，〈從甘肅捐監冒賑案反思清朝乾隆時期的吏治腐敗成因〉，《巢湖學院學報》，68，合肥，2004.5，頁34-37。

王業鍵，〈清代的糧價陳報制度及其評價〉，收入王業鍵，《清代經濟史論文集（二）》，臺北：稻鄉出版社，2003，頁1-36

王業鍵，〈十八世紀福建的糧食供需與糧價分析〉，收入王業鍵，《清代經濟史論文集（二）》，臺北：稻鄉出版社，2003，頁119-150。

王道瑞，〈清代糧價奏報制度的確立及其作用〉，《歷史檔案》，1987：4，北京，1987.12，頁80-86、100。

朱滸，〈二十世紀清代災荒史研究述評〉，《清史研究》，2003：2，北京，2003.5，頁104-119。

江曉成，〈清代的坐省家人〉，《中國史研究》，2018：3，北京，2018.8，頁163-178。

余開亮，〈糧價細冊制度與糧價研究〉，《清史研究》，2014：4，北京，2014.11，頁1-12。

呂小鮮編選，〈乾隆三年至十三年納穀捐監史料（上）〉，《歷史檔案》，

1991：4，北京，1991.12，頁3-17。

呂小鮮編選，〈乾隆三年至十三年納穀捐監史料（下）〉，《歷史檔
　　案》，1992：1，北京，1992.4，頁12-27。

宋傳銀，〈論清前期「奢靡」之風〉，《華中師範大學學報（哲學社會科
　　學版）》，1991：5，武漢，1991.10，頁93-97。

李林，〈清代捐監制度與乾隆季甘肅冒賑案——以《欽定蘭州紀略》為中
　　心〉，《科舉學論叢》，上海，2013.7，頁20-25。

李景屏，〈康乾盛世與奢靡之風〉，《北京社會科學》，1995：2，北
　　京，1995.5，頁86-91。

李景屏，〈清前期奢靡之風述論〉，《清史研究》，1997：2，北京，
　　1997.5，頁106-110。

周瓊，〈清代審戶程序研究〉，《鄭州大學學報（哲學社會科學版）》，
　　44：6，鄭州，2011.11，頁117-122。

周瓊，〈清前期的勘災制度及實踐〉，《中國高校社會科學》，2015：
　　3，北京，2015.5，頁108-132、159。

孟姝芳、章文永，〈清代皇權專制下官員的議罪和復出——以乾隆朝李侍
　　堯為例〉，《吉林師範大學學報（人文社會科學版）》，2019：2，
　　長春，2019.3，頁15-22。

屈春海，〈乾隆嚴懲甘肅捏災冒賑貪污案〉，收入中國第一歷史檔案館
　　編，《明清檔案與歷史研究論文集》，北京：中國友誼出版公司，
　　2000，頁571-584。

林映汝，〈協餉與清廷的新疆治理（1759-1884）〉，臺北：國立臺灣師範
　　大學歷史學系碩士論文，2010.6。

近藤秀樹，〈清代の捐納と官僚社會の終末（上）〉，《史林》，46：
　　2，京都，1963.3，頁250-278。

近藤秀樹，〈清代の捐納と官僚社會の終末（中）〉，《史林》，46：
　　3，京都，1963.5，頁425-448。

近藤秀樹，〈清代の捐納と官僚社會の終末（下）〉，《史林》，46：
　　4，京都，1963.7，頁582-608。

胡序震，〈清代議罪銀制度研究〉，上海：華東政法大學中國法制史碩士論文，2019.6。

晏愛紅，〈乾隆九年福建捐監案研究〉，《清史研究》，2007：3，北京，2007.8，頁39-44。

馬俊亞，〈奉旨抄家：乾隆後期體制之殼與官場生態〉，《南國學術》，2015：3，澳門，2015.7，頁123-139。

張寧，〈清代的大赦與死刑——制度及實踐中的法與「法外之仁」〉，《法制史研究》，28，臺北，2015.12，頁53-102。

張振國，〈從優升到久任：清代邊疆缺之演變——以雲貴二省文官歷俸為中心的探討〉，《中國邊疆史地研究》，29：2，北京，2019.6，頁154-166、216。

張菁華，〈懲貪風而申國憲——乾隆朝懲治侵貪案研究〉，臺北：國立政治大學歷史學系博士論文，2007。

張繼瑩，〈積弊與時弊：乾隆初期甘肅倉儲的經營（1736-1755）〉，《近代史研究所集刊》，94，臺北，2016.12，頁41-76。

許惠潤，〈清乾隆朝抄家案件研究——以甘肅捐監冒賑案為中心〉，北京：中國人民大學中國古代史博士論文，2000。

郭成康，〈18世紀後期中國貪污問題研究〉，《清史研究》，1995：1，北京，1995.2，頁13-26。

郭成康，〈十八世紀中國物價問題和政府對策〉，《清史研究》，1996：1，北京，1996.2，頁8-19。

陳鋒，〈清代中央財政與地方財政的調整〉，《歷史研究》，1997：5，北京，1997.10，頁100-114。

陳先松，〈試析晚清捐納的失控〉，《社會科學輯刊》，2005：2，瀋陽，2005.3，頁118-122。

陳建宇，〈清代國家賑災事業興衰研究〉，咸陽：西北農林科技大學博士論文，2018.5。

陳捷先，〈乾隆肅貪研究〉，收入陳捷先，《清史論集》，臺北：東大圖書，1997，頁187-250。

陳連域，〈盛清時期的布政使研究〉，臺北：國立政治大學歷史學系碩士論文，2006.6。

黃寬重，〈從活的制度史邁向新的政治史──綜論宋代政治史研究趨向〉，《中國史研究》，2009：4，北京，2009.11，頁69-80。

楊啟樵，〈康熙末年廣西捐納案〉，《大陸雜誌》，41：5，臺北，1970.9，頁5-10。

葉高樹，〈仰食於官：俸餉制度與清朝旗人的生計〉，收入旗人與國家制度工作坊編著，《「參漢酌金」的再思考：清朝旗人與國家制度》，臺北：文史哲出版社，2016，頁231-276。

葛沙沙，〈乾隆年間的甘肅捐監冒賑貪污案述論〉，蘭州：蘭州大學歷史學碩士論文，2012。

裴丹青，〈清代「省友」初探〉，《近代史研究所集刊》，88，臺北，2015.6，頁55-94。

趙曉華，〈晚清的賑捐制度〉，《史學月刊》，2009：12，開封，2009.12，頁64-68。

劉次涵、張學明，〈晚清捐輸初探〉，《蘭州大學學報（社會科學版）》，1984：4，蘭州，1984.12，頁58-65。

劉炳濤，〈清代雨澤奏報制度〉，《歷史檔案》，2017：2，北京，2017.5，頁70-78。

劉鳳雲，〈清康熙朝捐納對吏治的影響〉，《河南大學學報（哲學社會科學版）》，43：1，開封，2003.1，頁6-11。

劉鳳雲，〈戰事中的非常規捐納──論康熙朝平三藩開啟的捐納事例〉，《中國人民大學學報》，2010：1，北京，2010.1，頁115-123。

劉錚雲，〈「衝、繁、疲、難」：清代道、府、廳、州、縣等級初探〉，《中央研究院歷史語言研究所集刊》，64：1，臺北，1993.3，頁175-204。

劉錚雲，〈具題與摺奏之間：從「改題為奏」看清代奏摺制度的發展〉，《四川大學學報（哲學社會科學版）》，2017：2，成都，2017.3，頁28-45。

鄧小南，〈走向「活的制度史」──以宋代官僚政治制度史研究為例的點滴思考〉，收入包偉民主編，《宋代制度史研究百年》，北京：商務印書館，2004，頁10-19。

鄧海倫（Helen Dunstan），〈乾隆十三年再檢討常平倉政策改革和國家利益權衡〉，《清史研究》2007：2，北京，2007.5，頁1-11。

盧經，〈乾隆朝甘肅捐監冒賑眾貪案〉，《歷史檔案》，2001：3，北京，2001.9，頁80-88。

魏彩霞，〈清朝捐監制度及其影響〉，《貴州文史叢刊》，2006：4，貴陽，2006.10，頁58-62。

顧善慕，〈清代乾隆年間的捐納制度〉，《黑龍江社會科學》，2006：5，哈爾濱，2006.10，頁158-159。

Akcetin, Elif. "Corruption at the Frontier: The Gansu Fraud Scandal." PhD diss., University of Washington, 2007.

Fairbank, J. K. & S. Y. Tseng. "On the Types and Uses of Ch'ing Documents." *Harvard Journal of Asiatic Studies*, 5:1 (January, 1940), pp. 1-71.

Wang, Yeh-chien. "Secular Trends of Rice Prices in the Yangzi Delta,1638-1935." In *Chinese History in Economic Perspective*, edited by Thomas G. Rawski and Lillian M. Li, pp. 35-68. Berkeley and Los Angeles, California: University of California Press, 1992.

Wu, Silas H. L. "The Memorial Systems of the Ch'ing Dynasty (1644-1911)." *Harvard Journal of Asiatic Studies*, 27 (1967), pp. 7-75.

Zhang, Lawrence. "Office Purchase and State-Elite Relations in Qing China." *Harvard Journal of Asiatic Studies*, 73:2 (December 2013), pp. 259-297.

【線上資料】

CHGIS, "*1820 Layers UTF8 Encoding*", Version: 6. (c) Fairbank Center for Chinese Studies of Harvard University and the Center for Historical Geographical Studies at Fudan University, 2016. Distribution URL: https://doi.org/10.7910/DVN/ST5KKM.

▌附錄

附錄一 順治、康熙年間各省捐監事例

時間	類別	開捐事由	地區	捐納內容	捐納額數	捐納時身份
順治6年	軍需捐	邊疆未靖兵餉不敷	全國	入監讀書	銀120兩	廩生
					銀190兩	增生
					銀260兩	附生
					銀300兩	青衣生
					銀350兩	俊秀
順治11年	賑捐	-	全國	貢生	米300石	生員
				入監讀書	米200石	俊秀
順治15年	軍需捐	進取雲貴	全國	監生	米300石	生員
康熙4年	常平捐	備荒積貯	陝西	送監讀書	米1000石或銀500兩	俊秀子弟
康熙7年	賑捐	直隸豫東三省凶災	直隸河南山東	入監讀書	銀200兩或米400石	生員
				送監讀書	銀300兩或米600石	俊秀
康熙9年5月	河工捐	河工浩費	全國	送監讀書	銀300兩	俊秀子弟
康熙10年9月	賑捐	江南連被災傷	江南	送監讀書	銀200兩或米400石	生員
					銀300兩或米600石	俊秀
康熙13年10月	軍需捐	佐軍需以寬民力	全國	送監讀書	銀80兩或米160石	廩生
					銀100兩或米200石	增生
					銀120兩或米240石	附生
					銀150兩或米300石	青衣生
					銀200兩或米400石	俊秀
康熙14年	軍需捐	捐省錢糧以濟軍事	全國	入監讀書	銀200兩	包衣佐領子弟

時間	類別	開捐事由	地區	捐納內容	捐納額數	捐納時身份
康熙19年	軍需捐	兵馬雲集軍餉浩繁	貴州	送監讀書	糧24石或草1680束	廩生*
					糧32石或草2240束	增生*
					糧40石或草2800束	附生*
					糧48石或草3360束	青衣生
					糧56石或草3920束	俊秀
康熙20年4月	軍需捐	援例開納以佐軍事	雲南	送監讀書	糧24石或草1680束	廩生*
					糧32石或草2240束	增生*
					糧40石或草2800束	附生*
					糧48石或草3360束	青衣生
					糧56石或草3920束	俊秀
康熙28年10月	賑捐	為救荒起見暫開事例	直隸	監生免入監讀書期滿考用	穀200石或米100石	不論旗民俊秀子弟
康熙28年11月	常平捐	積貯天下本計	全國	監生	穀400石或米200石	俊秀
					穀160石或米80石	廩生
					穀200石或米100石	增生
					穀240石或米120石	附生
					穀300石或米150石	青衣生
康熙28年12月	賑捐	晉省歉收	山西	監生免入監讀書期滿考用	穀200石或米100石	不論旗民俊秀子弟
康熙29年6月	賑捐	三春少雨被災蔚廣	大同	監生免入監讀書期滿考用	穀180石或米80石	不論旗民俊秀子弟
康熙29年6月	軍需捐	大兵駐箚需要米豆草束甚多	大同	監生免入監讀書期滿考用	米60石或豆35石幷草1300束	不論旗民俊秀子弟

時間	類別	開捐事由	地區	捐納內容	捐納額數	捐納時身份
					米30石或 豆18石并草700束	廩生*
					米40石或 豆25石并草800束	增生*
					米50石或 豆30石并草1000束	附生*
					米60石或 豆35石并草1300束	青衣生
			張家口	監生 免入監 讀書 期滿考用	米60石或 豆35石并草1500束	不論旗民 俊秀子弟
					米30石或 豆18石并草700束	廩生*
					米40石或 豆25石并草1000束	增生*
					米50石或 豆30石并草1200束	附生*
					米60石或 豆35石并草1500束	青衣生
康熙34年 10月	常平捐	盛京缺米	盛京	監生	運米30石	不論旗民 俊秀子弟
康熙42年 2月	常平捐	民鮮蓋藏 多為積貯 於邊疆有 裨	甘肅	監生	米80石	不論旗民 俊秀子弟*
					米40石	廩生*
					米50石	增生*
					米60石	附生*
					米70石	青衣生
康熙43年 10月	賑捐	元氣初復 應廣積貯	山東	監生	米80石	俊秀*
					米40石	廩生*
					米50石	增生*
					米60石	附生*

時間	類別	開捐事由	地區	捐納內容	捐納額數	捐納時身份
					米70石	青衣生
					米70石	武生
康熙53年 10月	常平捐	節年賑濟 存貯無多	江南	監生	穀400石	俊秀*
					穀160石	廩生*
					穀200石	增生*
					穀240石	附生*
					穀300石	青衣生
					穀300石	武生
康熙56年 9月	軍需捐	軍需之事 緊要	涼州 甘州 肅州	監生	銀108兩	俊秀*
					銀54兩	廩生*
					銀72兩	增生*
					銀90兩	附生*
					銀108兩	青衣生

說　　明：捐納時身份後註記「*」者，係指該身份同時亦有捐納歲貢的條款。

資料來源：《清三藩史料》，收入北平故宮博物院編，《文獻叢編》，下冊，臺北：國風出版社，1964，頁128-132，〈總督江南等處文武事務阿席熙咨〉，康熙十三年十月二十四日。

清‧伊桑阿等修，《（康熙）大清會典》，收入沈雲龍等主編，《近代中國史料叢刊‧三編》，輯72，冊714，臺北：文海，1992-1993，卷21，〈戶部‧田土‧荒政〉，頁16a-17a。

清‧鄂海等修，《六部則例全書》，康熙五十五年〔1716〕刻本，華盛頓：美國國會圖書館藏，〈戶部‧捐敘〉，頁81a-102a。

清‧繆荃孫，《雲自在龕筆記》，據民國間上海國粹學報社鉛印本《古學匯刊》本影印，收入張廷銀、朱玉麒主編，《繆荃孫全集‧筆記》，南京：鳳凰出版社，2013，頁192-193。

附錄二　羅大聲偽造蘭州府皋蘭縣發給
〈實收〉

說　　明：此為羅大聲偽造雲南省曲靖府平彝縣俊秀姚維翰於乾隆四十六年六月二
　　　　　十九日向甘肅省蘭州府皋蘭縣以京斗粟米42石納捐監生的〈實收〉

資料來源：中國第一歷史檔案館技術部攝製，《軍機處錄副奏摺·乾隆朝》，北
　　　　　京：中國第一歷史檔案館，1986，V.1:46（ROLL 6563），檔號：03-0637-
　　　　　053，〈奏呈羅大聲偽造實收關文〉，乾隆四十六年七月初三日。

附錄三　羅大聲偽造蘭州府皋蘭縣行雲南廣西州〈關文〉

說　　明：此為羅大聲偽造蘭州府皋蘭縣為雲南省廣西州俊秀朱祥於皋蘭縣納捐監
　　　　　生，行文移知原籍註冊事，內載朱祥籍貫、年貌、履歷、三代，以京斗
　　　　　粟米42石，繳交公費銀4兩、倉用銀3兩2錢，發給〈實收〉皋字第三萬六
　　　　　千七百二十九號等內容。
資料來源：中國第一歷史檔案館技術部攝製，《軍機處錄副奏摺・乾隆朝》，北
　　　　　京：中國第一歷史檔案館，1986，V.1:46（ROLL 6563），檔號：03-0637-
　　　　　053，〈奏呈羅大聲偽造實收關文〉，乾隆四十六年七月初三日。

附錄四　乾隆三十九年甘肅捐監流程圖

收呈之期	收糧之期	給收之期	官府的查核

戶部

實收＋清冊　←→　查核

布政使司

二聯式正副實收　｜　實收＋甘結　←→　查核　｜　實收　｜　監照　｜　加結清冊　←→　查核

道府衙門　→　糧道
加結

二聯式正副實收＋甘結　｜　實收清冊＋實貯印結　←→　查核　｜　查核　｜　實收清冊(日)　←→　查核　｜　實收清冊(月)　←→　查核　｜　實收清冊(年)　←→　查核

納捐州縣衙門　｜　具結／關文　←→　原籍縣衙　｜　納捐州縣衙門

親供　｜　本色＋甘結　｜　倉收　｜　倉收　｜　實收

報捐者

附錄五　乾隆四十年至四十五年甘肅各廳、州、縣被災次數統計表

府、州、縣		各年報災次數 乾隆40年	乾隆41年	乾隆42年	乾隆43年	乾隆44年	乾隆45年	合計
蘭州府	皋蘭縣	2	3	1	1	2	2	11
	紅水縣丞	1	2	1	1	1	0	6
	金縣	2	3	1	1	1	2	10
	渭源縣	1	2	1	1	1	0	6
	靖遠縣	1	2	1	1	1	2	8
	河州	1	2	1	1	1	2	8
	定羌州判（太子寺）	0	0	0	0	0	0	0
	狄道州	2	2	1	1	1	2	9
	沙泥州判	1	2	0	1	0	0	4
鞏昌府	隴西縣	0	2	1	1	1	2	7
	安定縣	2	2	1	1	1	2	9
	通渭縣	0	2	0	1	1	0	4
	漳縣	0	1	1	1	1	2	6
	伏羌縣	0	1	1	0	0	0	2
	西和縣	0	1	0	0	0	0	1
	會寧縣	1	2	1	1	1	2	8
	寧遠縣	0	1	1	1	0	0	3
	岷州	0	0	1	1	1	0	3
	洮州廳	0	0	1	1	1	2	5
	西固州同	0	0	0	0	0	0	0

各年報災次數\府、州、縣		乾隆40年	乾隆41年	乾隆42年	乾隆43年	乾隆44年	乾隆45年	合計
慶陽府	安化縣	0	1	1	1	2	0	5
	合水縣	0	1	1	1	0	0	3
	正寧縣	0	1	0	1	2	0	4
	環縣	0	1	1	1	2	0	5
	寧州	0	1	1	0	1	0	3
寧夏府	寧夏縣	1	1	1	1	1	0	5
	寧朔縣	0	1	1	1	1	0	4
	中衛縣	1	1	1	1	1	0	5
	平羅縣	0	1	1	1	1	0	4
	靈州	1	2	1	1	1	0	6
	花馬池州同	0	1	0	1	0	0	2
直隸階州	階州	0	0	0	0	0	0	0
	文縣	0	0	0	0	0	2	2
	成縣	0	0	0	0	0	0	0
直隸肅州	肅州	2	2	1	1	1	2	9
	王子莊	1	0	0	0	0	0	1
	高臺縣	2	2	0	1	1	0	6
	毛目縣丞	0	0	0	0	0	0	0
涼州府	武威縣	1	2	1	1	1	2	8
	平番縣	2	2	1	1	2	2	10
	永昌縣	1	2	1	1	2	0	7
	古浪縣	2	2	1	1	2	0	8
	鎮番縣	1	1	1	1	0	0	4

各年報災次數 府、州、縣		乾隆 40年	乾隆 41年	乾隆 42年	乾隆 43年	乾隆 44年	乾隆 45年	合計
直隸 秦州	秦州	0	2	0	1	2	0	5
	三岔州判	0	0	0	0	0	0	0
	清水縣	0	1	1	1	1	0	4
	禮縣	0	1	1	1	1	0	4
	秦安縣	0	1	0	1	1	0	3
	徽縣	0	0	0	0	0	0	0
	兩當縣	0	0	0	0	0	0	0
直隸 涇州	涇州	0	1	1	1	1	2	6
	崇信縣	0	1	1	0	1	0	3
	鎮原縣	0	1	0	1	1	0	3
	靈臺縣	0	1	0	1	0	0	2
西寧府	西寧縣	2	2	1	1	2	2	10
	歸德縣丞	0	0	0	0	0	0	0
	碾伯縣	1	1	1	0	1	0	4
	大通縣	2	1	1	0	0	0	4
	循化廳	1	0	0	1	0	0	2
	巴燕戎格廳	1	0	1	0	0	0	2
直隸 安西州	安西州	1	1	1	1	1	0	5
	玉門縣	0	1	1	1	1	0	4
	敦煌縣	0	1	0	1	0	0	2
甘州府	張掖縣	1	2	1	1	2	0	7
	東樂縣丞	2	1	0	0	1	0	4
	山丹縣	2	2	1	1	2	2	10
	撫彝廳	1	2	0	1	2	0	6

各年報災次數 府、州、縣		乾隆40年	乾隆41年	乾隆42年	乾隆43年	乾隆44年	乾隆45年	合計
平涼府	平涼縣	0	2	1	1	1	0	5
	靜寧縣	0	2	1	1	1	0	5
	華亭縣	0	1	1	0	1	2	5
	隆德縣	0	2	1	1	1	0	5
	莊浪縣丞	1	0	0	1	1	0	3
	固原州	1	2	1	1	1	0	6
	鹽茶廳	1	2	1	1	2	0	7
合計		46	89	48	54	64	36	337

資料來源：清‧慶桂等修，《清實錄‧高宗純皇帝實錄》，北京：中華書局，1986。

各年報災次數 府、州、縣	乾隆40年	乾隆41年	乾隆42年	乾隆43年	乾隆44年	乾隆45年	合計
平涼府 平涼縣	0	2	1	1	1	0	5
平涼府 靜寧縣	0	2	1	1	1	0	5
平涼府 華亭縣	0	1	1	0	1	2	5
平涼府 隆德縣	0	2	1	1	1	0	5
平涼府 莊浪縣丞	1	0	0	1	1	0	3
平涼府 固原州	1	2	1	1	1	0	6
平涼府 鹽茶廳	1	2	1	1	2	0	7
合計	46	89	48	54	64	36	337

資料來源：清・慶桂等修，《清實錄・高宗純皇帝實錄》，北京：中華書局，1986。

史地傳記類　PC1042　讀歷史145

一氣通下上：
清乾隆年間甘肅的蠹捐與冒賑

作　　　者/林柏安
責任編輯/孟人玉
圖文排版/黃莉珊
封面設計/魏振庭

發　行　人/宋政坤
法律顧問/毛國樑　律師
出版發行/秀威資訊科技股份有限公司
　　　　　114台北市內湖區瑞光路76巷65號1樓
　　　　　電話：+886-2-2796-3638　傳真：+886-2-2796-1377
　　　　　http://www.showwe.com.tw
劃撥帳號/19563868　戶名：秀威資訊科技股份有限公司
　　　　　讀者服務信箱：service@showwe.com.tw
展售門市/國家書店（松江門市）
　　　　　104台北市中山區松江路209號1樓
　　　　　電話：+886-2-2518-0207　傳真：+886-2-2518-0778
網路訂購/秀威網路書店：https://store.showwe.tw
　　　　　國家網路書店：https://www.govbooks.com.tw

2024年01月　BOD一版
定價：280元
版權所有　翻印必究
本書如有缺頁、破損或裝訂錯誤，請寄回更換

讀者回函卡

國家圖書館出版品預行編目

一氣通下上：清乾隆年間甘肅的虆捐與冒賑 /
林柏安著. -- 一版. -- 臺北市：秀威資訊科
技股份有限公司, 2024.01
　　　面；　公分. -- (讀歷史；145)(人文史地
類；PC1042)
　　BOD版
　　ISBN 978-626-7088-39-5(平裝)

　　1.CST: 地方政治 2.CST: 賑災
　　3.CST: 貪瀆罪 4.CST: 清代 5.CST: 甘肅省

671.64　　　　　　　　　　　　111000746